ウィリアム・マックスフィールド・ギャロット伝

The Biography of William Maxfield Garrott

「遣わされた方の御心を行うために」

"To do the will of Him who sent me"

発刊に寄せて

西南学院院長
西南学院史資料センター長
今井尚生

アメリカからの宣教師たちによって、福岡の地に西南学院の種が蒔かれて105年、ここに『ウィリアム・マックスフィールド・ギャロット伝―遣わされた方の御心を行うために』を発刊するに至りましたことを大変嬉しく思います。

W. M. ギャロット（1910－1974）は、1934年に宣教師として初来日し、戦後は西南学院大学設立に尽力してその初代学長となり、その後西南学院の院長も二度務めました。彼が働いた時代は、教育界においても日本が多くの困難を抱えた時代でした。戦中、日本に留まることを希望しながらも、抑留の生活を経て本国に送還されたこと、戦後日本の社会的混乱の中で学長を務めたことだけでも、その苦労は察するに余りあります。

本書の特徴は、ギャロットの人格を我々に生き生きと伝えることのできる執筆者たちによる叙述に認めることができます。中心をなす伝記部分（英文）の執筆者は、西南学院大学第10代学長を務めたK. J. シャフナー氏です。ギャロットとは面識がなかったにも拘わらず、シャフナー氏の叙述がギャロットを知っていたような印象を与えるのは、彼の人生に対する氏の実存的な関わり方にあると言えるでしょう。それは一つに、同じ宣教師という立場で、日本における宣教の業に携わろうと志したことであり、もう一つには、学長の重責を担うことになったシャフナー氏が、初代学長を務めた信仰の先達であるギャロットの言葉を、自身にとっての良きアドバイザーとして受け入れたことです。そして、ギャロットのことを終始「マックス」と呼んで叙述するその筆致は、日本語を母語とする者には表現できない親密さを感じさせるのに一役買っていると思います。

シャフナー氏は、ギャロットの人生の本質的意味を、「遣わされた方の御心を行うために」という本書の副題でもって理解しています。各節の初めには、その時期のギャロットの生を解釈できるような聖句が挙げられており、ギャロットの生涯が、単に客観的な事実としてではなく、信仰者の目を通して理解されています。

伝記の邦訳は、原田宏美氏によるものです。原田氏は、ギャロット家とは幼い頃から親交があり、自然な訳になっているのは、ギャロットとの長年の知己によるものでしょう。さらに、ギャロットの御子息たちによる思い出は、家族でなければ知りえないギャロットの一面を教えてくれます。

資料として掲載されたギャロット自身の日本語による折々の言葉は、これら執筆者たちの文章と相まって、彼の人柄を我々に伝えてくれます。彼が流暢な日本語を駆使しえた理由は、元来の語学的才能に加えて、聴衆の人生や思考に深く入り込むためには、その言語で明確に語れることが不可欠であるとの理解から、日本語習得に情熱を傾けたことにあります。そしてそれは、自らの人格的陶冶をいつも心掛けていた彼の生き方の姿勢の表れであるように思えます。

本書を読んで印象に残ることの一つは、ギャロットの示す愛です。ランキン博士によれば、戦時中のギャロットの苦悩は「日本を愛する者のみが知る心の苦しみ、身代わりの愛の悩み」であったと表現されています。もう一つは、ギャロットの人生が、伝道を志す宣教師たちの歴史的な繋がりの中にあった、という事実です。サザンバプテスト神学校時代にギャロットに大きな影響を与えた教師としてW. O. カーヴァーの名前が紹介されていますが、ギャロットのみならず、西南の創立者C. K. ドージャーおよび、その長男でギャロットの当時のクラスメートであったE. B. ドージャー（西南学院第９代院長）もカーバーの弟子だったということです。そして後には、ギャロットの話に感銘を受けたE. L. コープランド（西南学院第12代院長）が来日を決意することになります。本書は我々に、日本において信仰者としてその生涯を捧げた宣教師の高邁な精神に触れる機会を与えてくれることでしょう。

（国際文化学部教授）

ギャロットアルバム
Garrott Photo Album

「この世と
妥協しては
ならない」

W. Maxfield Garrott

大学卒業生への直筆のメッセージとサイン（1958年３月）
“Do not be conformed to this present world”
Hand-written message and autograph for university graduates.

西南学院大学宗教部長の頃（1957年）
As Dean of Religious Activities of Seinan Gakuin University.

東京で日本語を勉強中の頃（1935年頃）
When in Tokyo for Japanese language study.

ドロシー・カーヴァーと結婚（1938年12月）
Marriage to Dorothy Carver.

夫婦仲良く（1939年）
The happy couple.

次女アリスと
（1949年頃。西南学院大学キャンパス）
With younger daughter Alice on the campus of Seinan Gakuin University.

西南学院大学最初の建物（旧１号館）の起工式で、初代学長として鍬入れを行う（1951年）
As first president turning the first sod at the groundbreaking ceremony for the first building of Seinan Gakuin University (former Bldg. 1).

夫婦でフルートとピアノの演奏を披露（1954年11月。西南学院大学ランキン・チャペル）
The couple displaying their talent with a flute and piano performance at Seinan Gakuin University Rankin Chapel.

クリスチャンの学生の集まりであるグロリア会のメンバーと（1954年）
At a gathering of the Christian students group, the Gloria club.

西南学院大学食堂で学生と談笑（1955年）
Chat with students at the university cafeteria.

西南学院宗教局長時代（1962年）
As Exective Director of Religious Affairs of Seinan Gakuin.

西南学院創立記念日の昼餐会で挨拶
西南学院での最後の姿となった
（1974年５月）

Speech at the Seinan Gakuin Founders' Day Luncheon. This was his last appearance at Seinan Gakuin.

1974年５月、病気療養のため米国に帰国
病院でのマックスとドロシー（同年６月）
同年６月26日に逝去（64歳）

Returned to the United States for medical treatment in May 1974. Max and Dorothy at the hospital (June of the same year). Passed away on June 26, 1974 at age 64.

西南女学院構内の「西南の森」で、ギャロットの墓参りをするドロシーと子ども・孫たち（1975年）
Dorothy with her children, and grandchildren visiting Garrott's grave in the "Seinan Woods" on the campus of Seinan Jo Gakuin.

目　次
Contents

✦ ✦ ✦ ✦ ✦ ✦ ✦ ✦ ✦ ✦ ✦ ✦ ✦ ✦ ✦ ✦ ✦

＊は英訳なし（＊ not translated into English）

はじめに

1984年、私が宣教師として来日した当時、言語研究に卓越した人物としてマックス・ギャロットの名前を様々なところで耳にした。日本バプテスト婦人連合初代会長を務めた松村あき子氏も彼のことを話してくれた一人だった。私は、東京での日本語クラスに出席する前に彼女にはしばしば会ったが、松村氏はマックスのことを、モデルとなるべき人物だと話し、日本語の勉強をがんばるようにと励ましてくれた。彼女はギャロット家の養女のような存在で、新約聖書の平明訳の共訳者としてマックスと共に働いた人物でもある（後述）。

西南学院創立100周年が近づき、百年史を作る計画が持ち上がり、宣教師について書くように頼まれた。私は斎藤剛毅牧師経由で次女アリスから西南学院史資料センターに寄贈されたマックスの資料の詰まった箱を手に取った。黄ばんだ書類に目を通すにつれて、マックス・ギャロットが単なる名前以上の存在となってきた。その人となりや家族のこと、業績と信仰についてなどが垣間見えてきたのだ。西南学院の卒業生である木村匡也氏は私が福岡に赴任した時には学生だったが、西南学院同窓会の東京支部でのプレゼンテーションのために、マックスについて調べていた。木村氏は、私にマックスついて書くように強く励ましてくれた。もちろん、私はそのつもりだった。私は、テネシー州ナッシュビルにある南部バプテスト歴史図書館・アーカイブに向かい、彼の手紙や年報を探しに出かけた。西南学院大学名誉教授（経済学）原田三喜雄氏の夫人である原田宏美氏は、私の計画を伝え聞いて、私の英語原稿を日本語に翻訳したいと申し出てくれた（原田氏は、ギャロット家とは幼い頃から親交があった）。しかし、私が西南学院大学の学長に選任されたため、執筆計画は棚上げになってしまった。

10代目の学長職への準備はまったくというほどできていなかったが、初代学長であるマックスをメンターとすることで、彼に改めて目を向けることになった。私はマックスの日本人への、また西南学院および西南女学院の人々への深い愛に感銘を受けた。マックスは、C. K. ドージャーや先達たちの建学の精神を引き継いだのだ。学長の任期が終わった今、マックス・ギャロットとは誰であり、神が彼を日本でどのように用いられたかについて、私が知るようになった幾らかを分かち合いたいと願っている。

恐らく、私がマックスとの間に絆を感じるもう一つの理由は、私の誕生日にマックスが天に帰ったということだ。彼が天に召されたのは1974年6月25日（アメリカ時間）だったが、その日に22歳を迎えた私はオクラホマ・バプテスト大学を卒業したばかりで、西アフリカのガーナへ短期宣教師として向かうためのオリエンテーションを受けていた。マックスの生涯が読者にとって励まし、または挑戦となれば幸いである。

なお、本書は西南学院史資料センターのスタッフと監修委員会の協力がなければ、完成しなかった。ここに感謝の言葉を添えたい。

カレン J. シャフナー

ウィリアム・マックスフィールド・ギャロット伝

「遣わされた方の御心を行うために」

凡　例

1．聖書の引用句訳について

(1)「平明訳・新約聖書」は、W. M. ギャロット監修、松村あき子・飛田茂雄訳『新約聖書』（角川文庫、1999年）を指す。

(2)「協会共同訳」は、『聖書 聖書協会共同訳』（日本聖書協会、2018年）を指す。

(3) 題辞の聖書章句の「/」は、改行を指す。

2．参照・引用について

(1) 英文の引用訳文は基本的に「ですます体」とした。

(2) 日本文の引用は、原則として原文をそのまま掲載したが、全て横書きとし、理解の正確さを期すために、一部、表記や記述を改めた。

(3) SBHLA は、米国テネシー州ナッシュビルの南部バプテスト歴史図書館・アーカイブズ（Southern Baptist Historical Library and Archives）の資料を指す。

(4) SGA は、西南学院史資料センター（Seinan Gakuin Archives）の資料を指す。

1．少年期と青年期

「イエスは成長するにつれて、知恵が進み、背が高くなり、ますます神と人々から愛されるようになった。」

ルカによる福音書２章52節（平明訳・新約聖書）

ウィリアム・マックスフィールド・ギャロットは、1910年６月20日にアーカンソー州ベーツビルでアーネスト・ペリー・ジャクソンとユーラ・マックスフィールド・ギャロット夫妻の第２子の長男として生まれた。彼の父は現地の第一バプテスト教会の牧師だった。マックス（度々、こう呼ばれたが）には２歳年上のメアリー・キャセリンという姉がいたが、マックスの教育は姉と一緒に母の指導のもとに始められた。いわゆる家庭学校である。それというのも火事で小学校が焼けたからだった。マックスの母は、ラテン語、ギリシア語、フランス語に通じており、彼はこの母からよき教育の手ほどきを受けた。またギャロット一家は音楽一家でもあった。マックスの声楽と楽器の腕は家庭で培われたものである。

少年時代のマックスは好奇心が強く、学問好きだったが、こうした好奇心や学問好きは生涯にわたって続くことになった。彼は姉が受けている授業を聞き、追いつこうとしたため、学力はぐんぐんと向上し、同学年の他の生徒たちを引き離していった。７歳になった時に、ヒーバー・スプリングスにある小学校に入学して公教育をスタートしたが、実力試験を受けた時、彼の点数は３学年上のレベルになっていた。

マックスはこの時期、肉体や精神が成長しただけではない。父親が説教で語るメッセージや両親のキリスト者としての模範は、彼の幼い心に刻み込まれた。牧師の息子として、忠実に教会に通い、食前に神の恵みと日毎の糧が与えられていることに、神に感謝の祈りを捧げることを忘れることはなかった。彼は、*Home and Foreign Fields*（外国伝道局の雑誌〔1934.12〕）で、宣教師として任命されるにあたって当時を振り返り、次のように証している。

私の宗教体験は、覚えている限りでは私が７歳か８歳の頃でした。気づいたのは神の恵みと自分自身の価値の無さでした。数ヵ月のうちにその思いは大きくなり、私は1919年７月にヒーバー・スプリングズの教会で、イエス・キリストを救い主とする信仰告白に導かれました。

マックスは、子どもの頃から宣教師とその活動について読んだり聞いたりしており、幼くして外国宣教師になろうと決心していた。彼は、自分の召命が時間の経過とともに強められる自覚、消えることのない信念、そして繰り返し浮かぶ思いの結果によるものであった、と説明している。

牧師であった父が教会を移ることになり、一家はアーカンソー州コンウェイに転居した。マックスは、1925年、飛び級制度により14歳で高校を卒業するまで地元の学校に通った。子ども時代の怪我でスポーツには親しめなかったが、バンドでフルートとピッコロを演奏し、コーラス部で歌った。この時期に、新しい友人たちや新しい活動が彼の心を宗教的な活動から遠ざけはじめた。

その後、彼は同じくコンウェイにあったヘンドリックス・カレッジに進学した。主専攻はギリシア語とラテン語、副専攻は英語であった。1929年に文学士号を取得したが、課外活動は、グリークラブ、ブラスバンド、管弦楽団など、そのほとんどが音楽に関するものだった。在学中の1927年７月、彼は、再び子ども時代の献身の決意へ立ち返った。「私は、それが私の人生に望まれる神の明確な御心だ、という確固とした確信をもって、自分の生涯を宣教の業に捧げる再献身をした。」（*Home and Foreign Fields*〔1934.12〕）

大学卒業後、マックスはケンタッキー州ルイビルに行き、サザンバプテスト神学校に入学した。その時のことを、*Home and Foreign Fields*（1934.12）に以下のように記している。

その当時の私は、順当に行けば、私の仕事はこの国で牧師になることだと思っていました。しかし、時が経つにつれ、特に神学校の学びが始まるとその思いは次第に変わり、私の働きの場は宣教活動であり、おそらくどこか外国の地での宣教の業にあるとの確信が強まっていきました。

1932年の夏、彼はキューバに3ヵ月間滞在し、ハバナにある英語教会の宣教師牧師の代理として働いた。1932年1月には神学修士号（Master of Theology）を取得し、博士課程（Doctor of Philosophy）の勉強にとりかかった。専攻はギリシア語新約聖書だった。博士論文の中で、彼は聖書の「"in Christ"（キリストにあって）」や、その関連語句の意味を研究した。

まだ学生の身分ではあったが、1931年9月から、23歳で大学院博士課程を卒業する1934年5月まで、助手（fellow）としてヘブライ語を教えた。この時期の彼にその人生を形作る影響を与えた1つに、ウィリアム・オーウェン・カーヴァー博士[1)]の指導によるキリスト教哲学研究がある。彼は、カーヴァー博士について、宣教師に任命された時の証で次のように述べている（*Home and Foreign Fields*〔1934.12〕）。

> 私が、日本に決定的な関心をもつようになったきっかけは、W. O. カーヴァー博士でした。カーヴァー博士は、私に日本における南部バプテストの働きには「てこ入れ」の必要があると語りました。私は、日本がキリストを証する場として、今日の世界で最も働きがいのある国の1つであると確信しています。

マックスの神学校のクラスメートに、エドウィンB. ドージャー[2)]とヘルモン・レイ[3)]がいた。2人はどちらとも日本生まれで、宣教師として日本に戻る予定になっていた。エドウィンと彼の新妻メアリー・エレンは、1932年11月に日本に到着した。ヘルモンと妻レイベルタも、マックスの1ヵ月前に日本に到着していた。

マックスも日本に渡るにあたり、一緒に行ってくれる伴侶がいてくれたらと願っていた。彼はカーヴァー家を何度か訪ねるうちに、教授の末娘のアリ

1）ウィリアム・オーウェン・カーヴァー（William Owen Carver 1868－1954）は、1896年から1943年まで、47年の長きにわたってサザンバプテスト神学校の教授を務め、比較宗教学と伝道学を担当した。西南学院創立者 C.K. ドージャー（1879－1933）もカーヴァーから教えを受けた学生の一人である。

2）E. B. ドージャー（Edwin Burke Dozier 1908－1969）は、日本に生まれ、西南学院創立者 C. K. ドージャーと妻モード・バーク・ドージャーを両親にもつ。マックスの前に宣教師として来日し、西南学院で教授と院長を務めた。

3）ヘルモン・レイ（Hermon Ray 1907－2001）は、1904年、日本に派遣された南部バプテスト宣教師の息子で、1934年から1937年まで、東京で宣教師として働いた。

スに好意を寄せるようになった。マックスは一度ならずもアリスに求婚したが、その都度断られてしまった。しかし、日本に行くことは自分に対する神の御心であると既に確信していたので、彼は独身のまま日本へと出発した。

日本へ発つ前のマックス
Max before departing for Japan. (*Home and Foreign Fields*, Dec. 1934, p.19)

2．日本への出発と日本語の勉強

「手の及ぶことはどのようなことでも／力を尽くして行うがよい。」

コヘレトの言葉９章10節前半（協会共同訳）

1934年８月、マックスは日本へ向かって出発し、日曜日に当たる1934年９月９日に「ピアス大統領号」で横浜港へ到着した。そこから福岡へ向かった。この旅はマックスにとって、日本の地を初めて目にする機会であった。そこで見た日本の美しさや日本の人々が必要としているものに目を開かされ、その体験が日本語を学びたいという動機づけになった。マックスは日本に到着後１週間経って、友人たちに日本の印象を次のように書き送っている(1934.9.17付)。

日本での私は生後１週間の赤ん坊です。喋ることもできないし、聞いたことも理解できません。大きく目を見開いて自分のまわりをただただ凝視するだけです。私は、自分がやって来たこの新世界に魅了されています。〈中略〉

日本ではどこでも、山の見えないところはないと言われています。私は山々、清流、風に吹かれる松林に覆われたこの地を今後も変わることなく愛することができると思います。〈中略〉

都市や町々で、私たちは幅の広い屋根のある仏教の寺院をいくつも見ましたし、町や田舎のいたるところには、神社の入り口を示す鳥居が点在していました。きっとパウロも、アテネの人たちに言った「あなたがたがあらゆる点で信仰のあつい方であることを、私は認めます。」（使徒言行録17章22節）という言葉を日本の人たちにも言うことでしょう。

私が京都で有名なお寺を訪ね、そこを去ろうとした時、１人の修行僧が丘を登り、そのお寺の建物の前でたたずむ姿を目にしました。その僧は長い巡礼の旅でぼろぼろになった、ほこりだらけの衣を着ていました。彼は両手の指を組み合わせて、無表情な顔を上げて、お寺の方向に向かって祈り始めました。それは早口で、つぶやくような、半分唱えるような祈りでした。おそらく彼は、教えられた言葉としてこれらを理解し、それは僧侶たちのうちでも学者たちのみが理解できた古い言葉だと思います。しかし確かなことは、人を超えた力を必要だと感じる人がここにいるということです。(SBHLA)

福岡では、マックスはなぜ自分が日本に来たのか、いかにして自分の生涯における神の導きを知るに至ったかを度々話す機会を与えられた。チャペルでは中学部や高等学部の学生・生徒たち、バイブルクラスのメンバーや子どもたちにも話した。子どもたちのためにはフルートで "Jesus, Savior Pilot Me"(「この世の海に船出しゆけば」)を賛美した。そして、人生という航路を進むにあたって水先案内人が必要だと説いた。毎回のメッセージには、通訳を頼まねばならなかった。彼は友人たちへの手紙にこのもどかしさを次のように記している(1934.9.17付)。

しかし、通訳者(interpreter)は、常に妨害者(interrupter)です。通訳者は、話し手の考えの流れを断ち切るだけでなく、聴衆の注意を引きつける話し手の力を粉々に砕き、話す者と聴く者との相互の理解を妨害します。

最も優れた宣教師は、聴く人々に彼らの言語で明確に話しかけることができて、聴衆の人生や思考に深く入り込める人物でしょう。そういうわけで、東京での最初の1年は、言葉の学びがうまくいくまで宣教活動に深く関わることはしないで、語学学校でみっちり日本語を学ぶつもりです。(SBHLA)

マックスは福岡での短期間の滞在を終え、日本語の勉強を始めるために東京へ行った。彼は、それまでの知的努力を総動員するしかたで、日本語の勉強に取り組んだ。彼が友人たちに書いたクリスマスの手紙が、彼の取り組んだ勉強への熱意と情熱を表わしている(1934.12.5付)。

赤ん坊は喋ることを学んでいます! 私は日本に生まれて来週で3ヵ月になります。あなたの身の回りにいる3ヵ月の赤ん坊くらいの語彙力はもうすでに備えているということになります。毎朝学校で3時間勉強し、1日のうち、暮

東京で日本語を勉強中の頃（1935年頃）
In Tokyo during Japanese language study.

らしに必要な時間以外は、語学の勉強に費やしています。みんなも知ってのとおり、私は寝食を忘れるくらい新しい言語にのめり込む性格です。だから私がどれくらい素晴らしい時間を過ごしているかわかるでしょう。〈中略〉

私は言語の勉強に没頭していますが、明確な信念をもってそれをやっています。それというのも、今のこの良いスタートは、私の日本での生活のすべてにおいて、計り知れない価値を与えることが分かっているからです。それは私にとって目下、最も大切なことの１つです。

つまり、それは、変わることのないキリストとの絶えざる交わりを通して、私自身の命を燃やし続けることの必要が第一であり、それはその次にくるものです。確かに、そのような炎は他の人を燃え立たせることができます。だが、炎のかわりに石炭で満足し、知的な努力に集中するのはたやすい。もちろん、それらも必要です。しかし、最初に来るのはこの炎です。(SBHLA)

日本に来る前は一緒に行ってくれる妻を求めていたマックスだったが、来日してみると、独身であることは必ずしも不利には働かなかった。むしろ、既婚者なら巡り合うことができなかったかもしれない機会を得ることができた。1936年３月、ベテラン宣教師のW. H. クラーク博士が、40年間の働きを終えて米国へ帰ることとなった。その時、マックスは宣教師館を出て、駕籠町バプテスト教会の執事であった銀行員の古賀武夫[4]夫妻の家に寄宿することにした。マックスは古賀夫妻宅の５畳の畳の部屋に住み、頻繁に日本人と会う機会を得て、日本人の言葉や文化にどっぷりとつかり、竹製のフルートである尺八を習うこともできた。

尺八を習う。Learning the shakuhachi.
(*Home and Foreign Fields*, Dec. 1936, p.15)

この学びの期間に他の信者に出会ったことは、マックスに深い印象を与え、人生における信仰の炎を燃やす上で大きな助けとなった。マックスは何回か賀川豊彦の講演を聴く機会に恵まれ、その「知識の広さや理解の深さ」に心を打たれた。賀川は、哲学、科学、宗教、日常生活について原稿無しで、心のままを率直に語った。マックスは友人たちへの手紙に次のように書いた（1934.12.5付）。

> 誰かが個人的に賀川に質問するのを聞きました。「あなたにとってキリストはどのような人ですか？」と。すると、賀川はためらうことなしにこう答えました。「キリストは私の贖い主、芸者の息子の私を救ってくれました。もしキリストがこんな私を救ったのであれば、キリストは誰をも救えます。」
>
> 賀川は、知力はキリストのために大きな実りをもたらすがゆえに、それは用いられなければなりませんが、精神がそれに先立つことを示したのだと思います。(SBHLA)

またマックスは、賀川からの警告も聞いた。つまり、日本のキリスト教は今後数年間のうちに困難な時を迎えるだろう、ということだった。賀川は、

4） 古賀武夫（1902－1992）は、福岡県出身で、東京帝国大学および同大学院で法律を学び、卒業後、日本貯蓄銀行、関東学院講師を経て、戦後に西南学院大学の教授となり、学長を13年間務めた。

物質主義や国粋主義が多くの人たちの偶像になるのを見ており、そうした考えがキリスト教へ及ぼす破壊的な影響を予測していた。

もう１つの出会いは、日本での働きに対するマックスの献身を再び確認させるものであった。１人のアメリカ人旅行者が中国・山東省での信仰復興の影響を見て、自分の見たことと日本を比較して、マックスや他の人たちに中国に行くことを勧めた。そうすれば、彼らの努力に対してより良い成果が得られると言うのだ。マックスは、友人たちへの手紙で次のように書いた(1934.12.5付)。

> その言葉が、かえって私をかき立てました。普段は簡単にそうはならない私がかき立てられたのです。私は日本を愛しています！　日本を信じています！　有能な国民、偉大な国であることを日本自らが示しています。キリストの命の美しさは、詩と美の国、桜の花や風雪に耐えた松の大地をしっかりと捉えることができます。礼節の国はキリストの愛の国となることができます。商取引の糸で全世界と繋がる人々は、どこまでも良き知らせを広げることができます。〈中略〉偉大なキリスト者たちが日本から輩出されてきました。だから、それに続く人たちが出るでしょう。
>
> 日本は魅力的です。キリストはその魅力を欲しています。日本は能力があります。キリストはその能力を欲しています。日本は驚くべき忠誠心をもっています。キリストはその忠誠心を欲しています！　日本は愛すべき、偉大な人々を擁しています。キリストはそういう人たちを欲しています！　ひとつの人生、たとえそれがささやかなものであったとしても、キリストが日本の人々を得る手助けができるはずです！(SBHLA)

第３の出会い、すなわち、オックスフォード・グループ運動[5]のメンバー

5）オックスフォード・グループ運動(Oxford Group Movement)は、1921年にアメリカのルーテル教会の牧師フランク・ブックマン(Frank Buchman)がイギリス人の大学生の間で始めたプロテスタントの生活倫理改革の運動だった。彼らは４つの実践（罪と誘惑を他の信者に分かち合う、神の導きへと自分をゆだねる、直接・間接に不正を行った相手に関係の回復を行う、祈りの中で〔静謐な時間〕神からの導きを求める）を強調し、いわゆる「静かな時間」で神の導きに耳を傾けた。各参加者は人生で４つの「絶対」（正直さ、純潔、無私、愛）を達成しようと努力した。

だったアメリカ人ビジネスマンとの出会いは、マックスを神に近づけ、彼の焦点をイエスに当てさせた。マックスは、その実業家の講演を聞いた後で、彼と個人的に会い、彼の言うところのいわゆる「誠実さの冒険」を体験した。彼は人生が変わるようなこの時のことを、友人たちに次のように書き送った(1935.9.10付)。

> 6月3日以来、私は霊的に新たにされた生活を送っています。それは、種類においても質においても、深み、現実感、力が顕著であり、かつて味わったことのないものです。〈中略〉
>
> どんな風に変わったかって？　おそらく最も根本的には、それまで隠れていた私のある暗い部分に光が当てられ、清められたようです。これまで「制御することができなかった」考え、行動、態度が完全に制御できるようになりました。自己中心的、不誠実、不純などの領域における明確な罪に、疑問の余地なく打ち勝ったのです。私の人生と思考の中心は、確実に霊的な事柄へと移っています。私の説教や他の宗教的活動に驚くべき調子の変化が起こっています。〈中略〉
>
> 私は、これらの罪を一つずつ具体的にあげて神に明け渡しました。これまでの過ちを可能な限り正し、神の導きのあらゆるかすかな示しに従うことを通して、あらゆる歩みにおいてできる限り自分自身を神に明け渡していくつもりです。(SBHLA)

マックスの東京滞在中に、注目すべきもう1つの出会い——知り合いとの再会があった。彼の神学校教授、つまりカーヴァー博士の真ん中の娘であるドロシー・シェパード・カーヴァーが1935年9月21日に日本に到着したのだ。マックスはその時、ヘルモン・レイや熊野(ゆや)清樹牧師と一緒に彼女を横浜で出迎えた。ドロシーは東京で語学研修を終えた後、小倉に移り、西南女学院で教職に就くことになったが、後にマックスの人生にとって大きな役割を果たすことになる。

日本へ発つ前のドロシー・カーヴァー
Dorothy before departing for Japan. (*Home and Foreign Fields*, Nov. 1935, p.24)

3．福岡へ

「いつも喜んでいなさい。絶えず祈りなさい。どんなことにも感謝しなさい。これこそ、キリスト・イエスにおいて／神があなたがたに望んでおられることです。」

テサロニケの信徒への手紙－５章16－18節（協会共同訳）

1936年９月、マックスは本拠地を福岡に移して、日本語の学習を継続しつつ西南学院高等部神学科の教壇に立ち、他学科でも少し教えた。最初の学期はギリシア語の２クラスを担当した。１つのクラスの学生は３人、もう１つのクラスは２人であった。東京でもそうだったように、マックスは次の年の４月からは日本人の家に住み始めた。

日本語の学習と授業に加え、マックスはバプテスト西部組合[6)]の働きにも関わるようになった。彼のたとえで言うなら、「かかとをつかんで持ち上げられ、真っ逆さまに落とされる」ような、目まぐるしい忙しさであった。ある日の夜、彼は眠りにつく前に、教会の委員会や役員会、それに宣教師会や西部組合で17もの役職に就いていることに気づいた。その数字には神学科のレベルの異なる２つのギリシア語の授業と新約聖書釈義の授業や、他学科での英語の授業、中学校での聖書の授業は入っていない。マックスは、これらの活動について友人たちに手紙で次のように報告している（1937.12.8付）。

それで私は、神に、委員会で話し合う事業計画、予算、支出超過にワクワクするような胸のときめきを与えてください、と求め続けました。〈中略〉神は私の祈りに応えてくださっていたのですが、私がそれを気づかずにいただけだったのです。神は、私が頑固な生徒であったにもかかわらず、私に、神のご計画でありふれたものや退屈なものは何ひとつないと何度も何度も忍耐強く語

6）日本語の「組合」は「association」と訳すこともできるが、当時の「組合」は実際には「連盟」の役割を果たしていた。先達の宣教師たちは「組合」に「convention」をあてて報告書を書いた。

> り続けてくださっていたのです。もしあるものが私に対する神のご計画でないならば、それをする必要はまったくないのです。しかし、もしそれが神のご計画であるならば、それは意味に満ちたもの、核心に向かう霊的な奉仕にほかなりません。〈中略〉
>
> どうか私の仕事が委員会ばかりだと思わないでください！　委員会の最高に素晴らしいことは、人々と個人的に接触することで、ある者は突然に、ある者は徐々にですが、人間を変える神の力を垣間見ることができることです。その同じ力は私自身の人生にも働いていることがわかりました。その力により、神が心にとめておられる人に、私が少しでも近づけるように働いておられます。
>
> (SBHLA)

マックスは自分が日本にやって来た理由に焦点を当て続けるように努め、諸会議に出席することを「うんざり」(irksome) しながらも、チャールズ・マドレー博士[7]に手紙 (1937.7.17付) で「これらの会議への出席は、口を閉ざして耳を開き、仕事や仕事をしている人たちのことを将来きっと役に立つと期待しつつ、学ぶ絶好の機会を提供しています」と書いた。

マックスの管理者としての責任は第１期で終わりとはならなかった。後に西南学院と西南女学院両校の理事、西部組合並びに宣教団理事をも務めることになるからである。それだけではない。大学学長、院長、理事長にもなった。自分がそうした任に就くには「年齢も若く、経験、経歴にも欠ける」と感じていたが、誰かがそれらの必要を満たさなければならないという自覚はもっていた。

しかし時が経つにつれて、マックスは会議でいつも口を閉ざしてばかりではなくなっていた。南部バプテスト宣教団の歴史を執筆した宣教師のカルヴィン・パーカーは、年代を明示していないが、日本バプテスト連盟定期総会で起こった１つのできごとを記している。その時、総会では新たな教会の「開拓」について、熱い議論が交わされていた。ある日本人牧師が、新しく教会

7）チャールズ E. マドレー (Charles E. Maddry 1876 – 1962) は、ノースカロライナ州出身の牧師で、南部バプテスト外国伝道局総主事を務めた (1933 – 1944)。就任時には、伝道局には百万ドル以上の負債があったが、任期の終わりには、それから抜け出すことを可能にした。

を始めるには土地と建物が絶対に必要だと主張して譲らなかった。個人の家屋から出発した教会をいくつも知っているマックスはこう叫んだ、「バカヤロウ！」。それは、日本人と宣教師の関係に大きなダメージを与えかねないものであった。しかし、それは寛大に扱われた。人々は、彼が日本の教会と牧師のためにどれほど多くの時間を費やしているかを知っており、さらには、彼の聖書の識見、彼の人柄とユーモアのゆえに寛大に扱われたのである。後に、同連盟理事長となった岡村正二は、マックスのコメントは確かに衝撃だったが、その時にはそれが必要であり、連盟レベルで家の教会（house churches）を後押しをする良ききっかけになったと語っている。（Parker, p. 257）

4．ふさわしい助け手

「一人より二人のほうが幸せだ。共に労苦すれば、彼らには幸せな報いがある。」

コヘレトの言葉４章９節（協会共同訳）

学校での授業と委員会の仕事に加え、マックスはいろいろな場所で説教を行った。最初の在任期間では、毎週土曜日の夕刻、戸畑の隣光舎で定期休暇中の宣教師に代わって礼拝を執り行った。

ちょうどその当時、語学研修を終えたドロシー・カーヴァーは、小倉の西南女学院で教鞭を執っていた。夕礼拝前、マックスはしばしば、ドロシーがセシル・ランカスターと同居する宣教師館での夕食に招待された。一緒に食事をしながら、家族や信仰について語り合い、楽しいひと時をもった。

1938年10月29日、マックスは神の導きに確信を持ち、ドロシーに結婚のプロポーズをすることに決めた。２人がたまたま東京に滞在する時があった。ドロシーは病院でいくつかの検査を受けるために、一方マックスは、賀川の修養会（Kagawa Fellowship Retreat）に出席するため上京していた。マックスは、小石川バプテスト教会の教会員で、少し前に駐米大使に任命された堀内謙介[8)]宅に滞在していた。堀内夫人はマックスの計画を知り、ドロシーに会い、如才なくドロシーの気持ちを尋ねた。

ドロシーも同じ想いを持っているとわかり、神の導きを確信したマックスは、賀川の集会でプロポーズしようと計画した。ドロシーは少し遅れて到着したため、空いているマックスの前の席に座るしかなかった。彼はドロシーにプロポーズの言葉を綴った紙片を渡し、彼女から「イエス」の返事を受けとった。集会の後、２人は堀内家に行き、婚約のパーティーに出席した。

8）堀内謙介（1886－1979）は、英国、中国、米国等で外交関係の職員として勤務し、1930年１月に在ニューヨーク総領事、1934年３月に外務省調査部長、同年６月にアメリカ局長となり、1936年４月には、外務次官に就任。1938年10月に駐米大使となり、1940年12月まで勤務した。小石川バプテスト教会員（現日本バプテストキリスト教目白ヶ丘教会）。

彼らの友人や同僚たちはプロポーズを予期していたので、共に喜んだ。ドロシーはマドレー博士に、２人の「合併」（merger）についてこのように知らせた（1938.12.6付）。

> 相互の深い愛と共に、私たちは２人の結婚が神の私たちへのご計画であると確信しています。そして、私たちがこれから築こうとしている家庭には、神がおられ、この家庭を通して神がご自身を顕されることを願っています。どうか、私たちの共なる人生の門出にあたり、私たちの喜びが他の人たちの喜びとなるように、また神がこれまで以上に存分に私たちを用いてくださるように私たちのために祈ってください。（SBHLA）

結婚式は、ドロシーの両親の結婚記念日であるクリスマス週の12月29日に計画された。カップルとなった２人は23日に長崎へ出向き、領事館で法に則って結婚の手続きを行った。ドロシーの兄で宣教師であったジョージが上海から来日し、西南女学院のロウ講堂で司式をしてくれた。上海へ新婚旅行に出かけた後、新婚の２人は福岡に落ち着いた。

婚約時のドロシーとマックス
（静岡県の御殿場、1938年）
Dorothy and Max at engagement
(Gotemba, Shizuoka Prefecture).

マックスとドロシーは、翌1939年の７月から14ヵ月の間、宣教師の定期休暇で帰米した。マックスは神学校で新約聖書釈義と新約聖書入門を教え、新約聖書のさらなる学問研究の必要性を感じていた。そのために２人はニューヨークのユニオン神学校へ赴き、そこで多くの時間を過ごした。10月には「新たな宣教師」がチームに加わった。２人の間にエリザベス・アン（ベッツィー）が生まれた。

5．変わりゆく時代

「イエス・キリストは、昨日も今日も、また永遠に変わることのない方です。」

ヘブライ人への手紙13章８節（協会共同訳）

マックスとドロシーが定期休暇帰国中の1930年代終わり頃、日本では海外諸国との国際関係や、政治的また宗教的状況に多くの変化があった。ヨーロッパやアジアで軍国主義や国家主義に向けての動きが活発化していた。日本は満州を占領して、中国の他の地域を侵略し、ナチスのドイツ、ファシストのイタリアと同盟を結んだ。それにより、米国やイギリスをはじめとする国際連盟の加盟国との間で緊張が高まりつつあった。日本国内では、国家神道と天皇崇拝が推進され、それは軍国主義者によって強化された。西南学院と西南女学院は、他のミッションスクールと同様に、政府から教育勅語朗読と天皇崇拝を強要された。1939年の宗教団体法発布は、日本政府にあらゆる宗教団体を管理する力を与えた。宗教団体として十分な体制を持っていることを政府に公認してもらうために、国内では、北部バプテストと南部バプテストは合同して、1940年に日本バプテストキリスト教団を設立した。この合同は、バプテストたちが政府のより強力な圧力に対応して、1941年に設立されたプロテスタント諸派による合同教会となった日本基督教団の一部になる道を開くものだった。

米国にいる間、マックスは、米国民の、日本人に対する不信感と憎しみが大きくなるのを感じていた。ノースカロライナ州のリッジクレスト山荘で開催された外国伝道局の年次総会において、マックスは日本での働きについて報告を求められた。1952年、そのタイプ打ちされた原稿に、彼はその当時の経験を思い出してこう語っている。

1939年、初めてアメリカに帰国しました。この2年間、日本軍は中国を侵略し続けています。私たちは日本軍の中国における抑圧や残虐行為のことを聞いています。〈中略〉ウー・ディジ・ディジュン（Wu Dji Djung）が中国での出来事と、その中にあってもなおキリスト者の証が進められていると語るのを聞きました。彼が話し終わるやいなや、私は同じ演壇に立って、日本について語らねばなりませんでした。それは容易なことではありませんでした。私は日本を愛していました。私はキリストが日本を愛していることを知っていました。日本の人々が行ったこと、そして今行っていることを聞くのは胸が張り裂ける思いでした。〈中略〉私は語ることができませんでした。日本を弁護できませんでした。私はキリスト教を広く伝える機会のある国として日本を助けて欲しいと呼びかけることはできませんでした。私はただキリストの愛の代理人として呼びかけることができるだけでした。〈中略〉私は、心の奥深くで、最終的な解決はキリストの愛と力にあることを分かっていました。そのキリストは世を審くためではなく、ご自身を通して世界を救われるためにこの世に来られました。キリストは人間の罪の深さを知り、何が彼らを救うのかを知っておられたがゆえに来られました。（SGA）

常盤台バプテスト教会の松村秀一牧師はこの時のマックスのジレンマについて、西南学院で行われた記念会での「追悼の辞」（1974.7.7）でより詳しく語っている。

2～3千人の聴衆の前でしょうか、ギャロット先生は登壇するや口を開きましたが、涙のために声が出ません。気持ちを落ち着かせて、もう一回声を出そうとしました。しかし嗚咽して声になりません。しばらくして、もう一回声を出そうとしましたけれども、どうしてもこみあげてくる涙で声が出なかったのであります。敵国の日本に宣教師として働いた人として、先生はそこに立っていたのです。アメリカの人には、軍国主義国家の日本の銃剣によって死んで行くアジアの無辜（むこ）の幼児や女性たちのことを思い、深い怒りがありました。その日本に対する聴衆の厳しい眼差しの前に立って言葉がなかったのです。そのあと食事のときに、ある人が、「どうしてあの宣教師は子どものように泣いて、一言もメッセージを語らなかったのだろう」と話していました。南部バプテスト連盟外国伝道局のランキン博士[9)]が「日本を愛している者のみが知る心の苦しみ、身代りの愛の悩みです」と説明されたそうです。

9）M. セロン・ランキン（M. Theron Rankin 1894－1953）は、1921年に南部バプテスト外国伝道局から中国へ派遣された宣教師で、1935年に同東洋主事に就任。1941年に香港の日本軍の戦争捕虜収容所に入れられ、1942年にマックスと同じ捕虜交換船で米国に帰国した。その後、1944年に総主事として、戦後の西南学院の復興や大学の設立に貢献した。1954年に大学キャンパスに建てられたチャペルは、その貢献を讃えて「ランキン・チャペル」と名付けられた。

 6．東京の日本バプテスト神学校へ 

「…きみたちはあらゆる国に出かけ、その人々を私の弟子にせよ。彼らに、父と子と聖霊の名によって洗礼を授けるのだ。また、私がきみたちに命じたことをすべて守るよう、彼らに教えなさい。私は約束する。世の終わりまで、いつもきみたちと共にいることを。」

マタイによる福音書28章19－20節（平明訳・新約聖書）

1940年、日本に戻ったマックス、ドロシー、エリザベスは東京に居を構えた。マックスが東西バプテスト組合によって新設された合同神学校「日本バプテスト神学校」の教員として９月から新約聖書、ギリシア語を教えるためであった。学生は９人いた。２人はバプテストの旧西部組合から、４人は旧東部組合から、そして３人は満州出身の韓国人だった。

12月には外国伝道局総主事チャールズ・マドレーにあてた手紙（1940.12.1付）の中で、マックスは東京の状況を次のように報告している。

> まわりにいる人々はとても友好的で親切です。日本に帰ってきた当初、外国人に対する厳しい敵対心や疑いを向けられることを予想していました。しかし実際には、接する人たちすべてにそういう気配が全くないことがとても快い驚きでした。もちろん、状況が大きく変化しています。もっと大きな変化が訪れることは明らかです。ただ、今までのところ、神学校での私の仕事が妨害されるというようなことは少しもなく、教えることで素晴らしい時間をもっています。〈中略〉
>
> 国務省とランキン博士の忠告を考慮して、ドロシーとベッツィーのアメリカへの渡航については、年明けにでも問い合わせてみるつもりです。〈中略〉しかし、出発を決める前にしばらく状況の進展を見ようと考えています。というのは、現状では、それについて考える判断材料が何もないからです。この時は、日本でキリストのために生きることが意味をもつまたとない時だからです。（SBHLA）

在日米国民は、米国領事館から日本からの退去を何度も警告されていた。しかし、マックスは伝道局への手紙（1941.2.23付）に、自分は日本にとどまるべきだとの確信をもっていると繰り返し書いた。（SBHLA）日常の生活必需品の欠乏状態がより深刻になるにつれて、生活状況はさらに悪化した。ギャロット家では料理をしたり、湯を沸かすにも有毒なガスの出る炭火の火鉢を使わねばならなかった。ドロシーは後に、聞き取り調査のインタビューで、その困難な経験について語っている。

借りてきた石油ストーブ（暖房器具）の芯が燃え尽きてしまい、取り替えようにも部品がなかったので、ドロシーはマックスに「生活がしづらく大変」と訴えた。彼は妻に「快適さを求めて日本にやってきたのですか」と尋ねた。しかしながら、赤ん坊の世話に加えて、家を切り盛りするのはますます難しくなってきた。米国政府から３度目の警告があった後、マックスは、ドロシーとエリザベスが３月６日に「龍田丸」で出航できるように手はずを整えた。彼らの出発をマドレー博士に知らせる手紙（1941.3.2付）の中で、彼自身は日本での仕事を続けるつもりであることを告げた。

> 国家主義の圧力にもかかわらず〈中略〉神学校での私の仕事は邪魔されることなく進められています。ただし、私が感じているただ一つの真の障害は、機会を生かしきれない私自身の不十分さに起因するものです。
>
> どうぞ日本のために祈ってください。苦境に立つこの時代に、私たち日本のキリスト者たちが神の思いを理解し、神の御心に完全に忠実でありますようにと。日本のバプテストの信者たちとバプテストの教会が、人々をキリストに導くための新しい活力と力を見いだすことができ、また歴史に残るバプテストの証を立てることができるように祈ってください。私たちの神学校のために祈ってください。

４月にエドウィン・ドージャーとその母モード・ドージャーが日本を離れてハワイに旅立った。マックスは日本に残るただひとりの南部バプテスト連盟の宣教師になった。彼は再び伝道局へ手紙を送り（1941.4.2付）、日本にとどまる決意であることを告げた。

私個人としては、常に働きの機会に恵まれていて、仕事に大きな喜びを見出しています。そのように言えるだけでなく、主は私に今ここにいるように望まれ、主がどこか他のところへ望まれていると確信するまでは、ここに居続けるつもりです。(SBHLA)

生活状況は、確かに快適ではなかった。だがマックスは、今いる場所が神が自分に対して望まれる場所だと確信していた。当時高等学部長で後に西南学院理事長となった杉本勝次は、マックスの直面した窮境を示すあるできごと、彼がそれにどう対処したかについて、次のように述べた(『西南女学院広報』1974.10)。

困難を極めた状勢下で神学の研究と教育に努める一方、ギャロット先生は配給の行列にも加わって周囲の人々に語りかけ、隣組の集りにも積極的に参加し、雑談を通して神の愛を証されました。配給の行列に並んでおられた時には、あとから来る人に次々に順番を譲って先生は最後になってしまわれました。つまり、先生はいつも列の最後で、ご自分の順番が来た時にはしばしば配給品は底を突いていたのです。私は、この胸の痛むような話を古賀氏と熊野牧師からお聞きしました。帰路につくギャロット先生は、ご自分の食事のために落ちている菜っぱを拾って帰られることがあったということです。

近所の人々との関係も徐々に変化し始めた。ドロシーが『女子青年会の窓』(*Window of Y.W.A.*〔1934.3〕)に書いた記事からもその変化をうかがい知ることができる。ドロシーは家の近くで遊んでいた少年たちとマックスが交わした会話を次のように記している。

少年:「おじさんはどこの国から来たの?」
(沈黙)
ギャロット先生:「あなたの国はどこですか?」
少年:「日本です」
ギャロット先生:「日本は好きですか?」

少年：「はい！」

ギャロット先生：「アメリカは好きですか？」

少年：「いいえ！」

ギャロット先生：「私はね、日本もアメリカも両方が好きです。そっちの方がいいと思いませんか？」

少年は答えることができなかった。日本語で早口で「さよなら」といって、背を向けて駆けて行った…

イエスは「隣人を自分と同じように愛しなさい」と言われた。…他の人を私たちと「関係ない者」として考える限り、事態は良くならない。しかし、私たちが他の人を自分を愛するように愛する「隣人」として考えるなら、事態は良くなる。

7．戦時強制収容所へ

「…私は、自分の置かれた境遇に満足することを学びました。貧しく暮らすすべも、豊かに暮らすすべも知っています。満腹することにも、飢えることにも、有り余ることにも、乏しいことにも、ありとあらゆる境遇に対処する秘訣を心得ています。」

フィリピの信徒への手紙４章11－12節（協会共同訳）

1941年12月８日の月曜日、マックスは、昼食のために北部バプテスト連盟派遣宣教師ウィリアム・アキスリングの家に向かって、在来線の電車に乗っていた。その時、彼の向かいに座っていたひとりの乗客が読んでいた新聞の大きな見出しに目を奪われた。そこには「日米開戦」とあった。その翌朝、警官が彼の家の玄関に来て告げた。「あなたはしばらくの間、どこか他の場所に行った方が良い」。警官はマックスが持っていく物のリストと、それを運ぶためのトラックを準備していた。そのリストには、米国仕様のベッドも入っていた。本を持っていくことは許可されなかった。しかし、マックスの求めに応じて聖書は許可された。後になってその警官は、マックスにとって大切なものではと思った、と言って、茶色の紙で包まれた小包を持ってきた。開けてみると、それはドロシーの写真だった。

「どこか他の場所」とは、東京の田園調布にある菫（すみれ）女学院という孤児院が併設されたカトリックの学校だった。女学生たちは退去させられ、国籍の異なる30〜45人ほどの男性たちが住むための空間が設けられていた。マックスには12人の米国人男性と一緒の部屋が割り当てられた。その部屋は折りたたみ式の簡易ベッドや通常のベッドを無理に押し込むのがやっとの広さだった。後にマックスは、マウイ島のラジオ番組「生きる価値ある人生」(1947.7.28)でその経験を次のように語っている。

　私たちは、ある時期は部屋に施錠されることもありましたが、後になると建物内ではもっと自由が与えられました。そして、体操の時間として、1日に2回は戸外に出ることを許されました。中庭はとても狭く、鉄条網に囲われていました。しかし、その中を行ったり来たり歩き回ることができました。その間も見張りの者たちがずっと監視をしていました。

私たちがいた収容所は、みなさんが聞いたことのあるようなひどい所ではありませんでした。私が叩きのめされるというようなことはなかったし、飢えることもありませんでした。にもかかわらず、錠をかけられ、家族、友人たち、仕事から引き離されることはつらいことでした。いらだち、不満、不平の対象、すなわち、私たちをみじめにさせるようなことは挙げればいくらでもありました。幸福というものは、自分に対して起こる何かによるものよりも、自分の心（内面）に起こることによるものです。

私自身について言えば、収容所では多くの幸福を感じることができました。私の人生の中で最良の経験の1つでした。そう感じることができた最大の理由は、神の望まれるまさにその場所に自分がいると感じたからです。(SGA)

マックスはスイス赤十字社を通じて、簡潔なメッセージをドロシーに送ることができた。「無事、元気、有益な収容生活」。マックスが最後の言葉に込めた意味については、大きな議論となった。ドロシーは後に『女子青年会の窓』(1943.11) に寄稿した記事で、マックスにとって収容生活が「有益となった」いくつかの理由について次のように書いている。

身体的な面でいえば、1人でいた時よりは日常の身の回りのことはよく世話されていましたし、〈中略〉それ以上に仲間づきあいがありました。〈中略〉

しかし、それ以上に素晴らしいことがありました。それは収容期間が学びの期間になったことでした。最も重要な学びは、他の人々との身近な人間関係（共同生活）で習ったことと、1人ひとりが他の人々の必要と希望に合わせなければならないことでした。学んだことの中には、より本格的なものもありました。聖フランシスコ会のフランス系カナダ人によるフランス語、ロシア系オーストリア人の音楽家によるピアノ、新聞社の特派員によるアメリカ史の講義などがそれでした。

その時期は、霊的な見地からも有益な時となった深い交わりがありました。〈中略〉非常に多くの人々と長期間交際する中で、自分のキリスト教を実践する豊かな機会が与えられました。それは、収容者仲間と監督する立場にいる日本人の両者に、言葉だけでなくその生き方において証する機会となりました。

1942年6月、収容者を本国に送還する日米両政府間の交渉が成立した。マックスは家に戻る許可が出て、米国へ戻る準備のために3日間が与えられた。たくさんの荷造りや処分すべき物、会わなければならない多くの人々がいて、食べ物を買うために行列に並ぶ時間はあまりなかった。家に戻った最初の日、近くの軽食堂で昼食をとろうとした。1つの店は無期限の「休業」、もう1つは売り切れとなっており、開いていた店は麺類の店で、そこで2杯の麺を食べた。1人の牧師が午後に訪ねて来て、弁当を持って来てくれた。牧師は翌日の朝も朝食を持って来てくれた。堀内夫人が果物、パン、バター、ジャム、ピーナッツ、卵を持って来てくれた。これが2日間続いた。ドロシーは後に、マックスのもとに食べ物を持って来てくれた訪問者を、あたかも旧約聖書に出てくる、預言者エリヤのために神が栄養になるものを持たせた烏（からす）に例えて、「日本の神の烏」と題した記事を『女子青年会の窓』(1943.1）に寄稿した。

「烏」が持ってきた食べ物には、物質的な糧以上のものがありました。その訪問は、〈中略〉これらの友人たちが、たとえ互いの国が戦争をしていても、アメリカ人宣教師との友情を依然として大切にしていることの紛れもない保証を与えたからです。彼らは友人が大丈夫かどうかを心配していて、マックスを訪ねることを恐れませんでしたし、恥とも思いませんでした。彼らは、彼がアメリカに出発する前に会い、今一度一緒に時間を過ごしたかったのです。

収容所の訪問日には、マックスのもとに何人かの友人が訪ねて来て、近況や食べ物、キャンプ外の生活のニュースをもたらしてくれた。しかし、友人と過ごす時間は限られていた。家にいる3日間には神学校の同僚教師たちの訪問もあり、神学校が閉校になると知らされた。牧師たちは、礼拝出席者とバプテスマは少し減ってきているが、教会合同や戦争にも関わらず、教会の働きは変わらずに行われていると伝えた。九州の学校（西南学院、西南女学院）の方は学生定員が満たされ、頑張っているとのことだった。マックスは、また１人の若い女性が信仰のために家族から追い出されていたが、家族と和解したという嬉しいニュースも聞いた。

マックスは米国にいる友人たちに、彼の日本の友人たちのために一緒に祈ってほしいと、その人たちのリストを手書きでしたためた。

1．これらの人々が私たちとの友情のゆえに、また、イエス・キリストのゆえに苦難を受けることなく祝されますように
2．困難によってその信仰が鋼鉄のように堅固なものになりますように
3．米国にいる日本人たちが米国のキリスト者の友情のなさのために災いを被ることがありませんように
4．日本と米国のキリスト者がこの混沌から抜け出し、憎しみ、貪欲、恐怖の汚染から自由にされ、それらの毒を制する薬を得ることができますように
5．神があがめられますように

（SGA）

8．本国送還

「…『あなたは、先祖の地、親族のもとに帰りなさい。私はあなたと共にいる。』」

創世記31章3節（協会共同訳）

日米開戦から約半年後の1942年6月25日、マックスは最初の捕虜交換船「浅間丸」に乗り、430人の乗客と共に横浜を出港した。4日後、彼らの船は香港でスタンレイ収容所に収容されていた人たちを乗せた。その中に、南部バプテスト外国伝道局の東洋主事M. セロン・ランキンと中国で教育宣教師として働き、後に西南学院で教壇に立ったパール・トッド[10)]もいた。船は、さらに収容者を乗せるためにサイゴンとシンガポールに立ち寄り、7月23日には、捕虜交換が行われることになっていたモザンビークのローレンスマルクスに到着した。マックスは、1,500人の一般人が乗るスウェーデン船籍の「MSグリップスホルム号」に乗り、リオデジャネイロ経由でニューヨークへ向かった。彼らは、1942年8月25日にニューヨークに到着した。到着するやいなや各乗客は3人の諜報部員――FBI、陸軍、海軍――によって米国への忠誠を審査された。マックスは、その時の尋問について『日本バプテスト』（1948.10）に次のように書いている。

私の上陸は少し面倒でした。上陸者は一人一人、個人的に調べられました。私は、何時間もかかかりました。質問の「戦争に対する態度」への私の答えは、「私は戦争に参加できません」というのであったからであります。「敵を愛せよ、と言うのは私の信条であります。私は銃を執ることができません。或いは人によってはできても、私にはできません」と言ったのです。ようやく上陸

10） パール・アーレン・トッド（Pearl Allene Todd 1890－1981）は、1919年に南部バプテスト外国伝道局の教育宣教師として中国に派遣された。1941年に香港で日本の戦争捕虜収容所に入れられるまで、芝罘（チーフー、煙台）で女子教育に携わった。1950年から1957年の間、西南学院で英語教師として働いた。

できました。

マックスは、さらにその後も数ヵ月間、国家への忠誠心を疑われて監視下に置かれた。

9．日米の架け橋

「また、『隣人を愛し、敵を憎め』という教えがある。しかし、はっきりと言っておく。自分の敵を愛しなさい。…」

マタイによる福音書５章43－44節（平明訳・新約聖書）

マックスは、16ヵ月ぶりに、妻と娘に再会した。1952年に、彼は自分の帰国についてリッジクレスト山荘で次のように話した。以下は、そのメモの抜粋である。

> 戦争は激化し、日本の勢力はフィリピン、南洋諸島、そして東アジア全体へと広がっていた。〈中略〉私のアメリカへのメッセージは１つだった。それは直接イエス・キリストがおっしゃったメッセージで、アメリカ中でそれを説教した。それは「汝の敵を愛せよ！」だった。ある人たちは、それを言うのはあまりにも奇異（queer）、またそのように言うのは、時期としてはあまりに奇異（queer）であると考えた。さらには、他の人たちはクリスチャンが言うのはそれだけで、いつでもそれしか言わないと思っていた。汝の敵を愛せよ！〈中略〉それは、敵が愛するに足るからではない。その人が善人で愛すべき人だからではない。神がその人を愛しているからだ。「愛は神から出るもので、愛する人は神から生まれた者で、神を知っている。愛さない者は神を知らない。神は愛だからである」（SGA）

しばらくの間休息をとり家族との再会を果たした後、マックスとドロシーのもとに、テキサス州ヒューストンにある日本語教会で働かないかとの連絡があった。ドロシーの西南女学院時代の同僚セシル・ランカスターが、日系人のための隔離収容所の１つであるアリゾナ州のヒラリバー・プロジェクトの教師になるためにヒューストンを離れることになっていた。ギャロット一家はヒューストンに移って彼女の仕事を引き継ぐことになった。ヒューストンにいる間に、ウィリアム・カーヴァー（ビル）が1943年５月24日に生まれ、家族の一員に加わった。

ヒューストンでのポジションは、どちらかと言えばパートタイムに近いものであった。そのような中で、アーカンソー州の隔離収容所で仕事をしないかとの招きがあり、ギャロット一家は引っ越しを検討し始めた。しかし、外国伝道局での彼らの立場や、隔離収容所内外の教会で自分たちがどう受け入れられるのかについて懸念があったので、マックスは、その下調べのため1943年９月にアーカンソー州に赴いた。その時の訪問の報告を総主事M. セロン・ランキンへ次のように書き送った。（1943.9.13付）

隔離収容所でも町でも、働いている人たちはとても心の温かい人たちでした。〈中略〉町のある牧師からは、教会の内と外の地域で、キリスト教的雰囲気を醸成するための助力を懇請されました。もう１人の牧師は「ジャップ」を助ける召命なんて感じない、奴らに対してなんら親切な感情は持てないと言いました。そして彼は、キリストが「汝の敵を愛せよ」とおっしゃったのは、個人的な敵のことであり、国家的・人種的な敵という意味ではないという考えをもっていました。彼は自分の立場を強めるために重量級の論理をもち出して言いました。「もし国の敵もそこに含まれているというのなら、戦争なんてできないだろう」。敵を愛すれば戦争なんてできないという彼の言い分には、私の心を

1942年当時のアーカンソー州のローワー収容所（Wikipedia Public Domain）
Rohwer Relocation Camp in Arkansas.

強く惹きつける真理があります！（SBHLA）

ギャロット一家は、アーカンソー州のマクギヒーという、ジェローム隔離収容所とローワー隔離収容所の中間に位置する市で一軒家を借りて、1943年秋から収容所の中にある教会で働き始めた。

マックスはまた、大学のキャンパスや学生の集会、その他の様々な会合で説教を頼まれた。彼はそれらの会合で、彼自身の経験や日本人の信者との経験を話した。彼の説教は聴衆の中のある人々の心に響いた。その中の幾人かは、後に福岡の西南学院大学神学部で同僚になった。そのうちの１人はルーサー・コープランド[11)]で、1943年にリッジクレスト山荘での学生たちの集会でマックスの話を聴き、彼のメッセージに感動した人物だった。彼は自伝に、その出会いについて次のように述べた。

マックスは〈中略〉キリスト者の愛について話しました。私は、彼が、母国と第２の母国がおぞましい戦争にはまり込んでしまったために、その狭間で痛々しく引き裂かれているのを見ました。マックスは言いました。イエスは私たちに隣人を愛するようにと教えました。マックスは問いかけました。「私たちの隣人とは誰か」。彼の答えは日本でした。「だから」と言って、マックスは言明しました。「我々は日本人を愛すべきなのだ」。次に彼は、イエスはまた私たちに私たちの敵を愛するように教えた、と指摘しました。そして、彼は問いかけました。「ところで、私たちの敵とは誰か」。再び、彼の答えは日本でした。「だから、私たちは日本人を愛するべきだ」と、マックスは言いました。

1943年、この種のメッセージは一般受けするものではありませんでした。全てが日本への敵意を醸成するための米国のプロパガンダと気脈を通じたものでした。私は、ギャロットの明白な心の痛みだけにではなく、彼の生（なま）の勇気に感銘を受けました。その時から、心の奥深いところで、神が私を日本へ遣わそうとしているとの思いを抱くようになりました。自分で、繰り返し静かな問いか

11）E. ルーサー・コープランド（E. Luther Copeland 1916－2011）は、1949年に南部バプテスト外国伝道局宣教師として日本に派遣され、1956年まで西南学院大学神学科で教会史を教え、1953年から1956年には西南学院院長を務めた。引退後、1975年に日本に戻り、1976年から1980年まで再び院長として働いた。

けをしました。「ルーサー、万人を愛する神の分け隔てのない偉大な愛について、出て行って日本人に語るべきではないのか」(Copeland, pp. 108 – 109)

1943年、ロバート・カルペッパー[12]はマーサー大学のチャペルでマックスの説教を初めて聴いた。彼もまた、マックスのうちに照り輝く愛を見て感銘を受けた。その出会いを自伝で次のように語った。

彼のスピーチは特に印象的ではありませんでした。しかし、彼の人となりはそうではありませんでした。1つには、彼の顔には輝きがありました。私は、それが〈中略〉彼の内面から起こる輝きだと感じました。私にとって印象的だったもう1つのことは、彼の日本の人々に対する深い愛でした。それも戦時中のことです。当時、誰かが日本人への愛を語るのを聞くのはあり得ないことだったのです。(Culpepper, p. 38)

1945年12月、カルペッパーは、サザンバプテスト神学校の「ミッショナリー・デー」でマックスのスピーチを再び聴く機会があった。マックスは、メッセージの中で遠藤(松村)あき子の手紙の一部を紹介した。それはカルペッパーが神の召命を受けて宣教師として日本に行くきっかけになった。その手紙は外国伝道局の雑誌 *Commission*(1946年4号)に掲載された。

日本の一般的な人々は〈中略〉生来は好戦的な人々ではないのです。彼らは羊飼いのいない迷える羊なのです。ああ、アメリカ、恵まれた国よ、この1人の日本の少女の切実な叫びをどうか聴いてください。我々に羊飼いをお遣わしください。

1944年の夏、ギャロット一家は、貸主がそれまで住んでいた家の売却を決めたため、新たな引っ越し先を探していた。ちょうど時を同じくして、アーカンソー州ローワー収容所は、小学3年生の担任教師を必要としていたため、

12) ロバート・カルペッパー(Robert Culpepper 1924 – 2012)は、1950年に南部バプテスト外国伝道局宣教師として日本に派遣され、1980年まで西南学院大学神学部の教授として働いた。

ドロシーにその職を引き受けるように懇願してきた。彼女は学期が終わる前に出産予定であり、中等学校教師の免許しか持っていなかったこともあり、その要請に当初は躊躇した。しかし、学校側は諦めなかったので、ドロシーは戦争移民局職員となり、ギャロット一家は収容所敷地内の一軒家に転居した。1945年4月23日、収容所内の診療所でドロシー・アリスが生まれた。

現存するローワー連合キリスト教会週報から、教会でのマックスの役割が多岐にわたっていたことがわかる。司会者、説教者、ピアニスト、聖歌隊指揮者、ソリスト、フルート奏者、ドラマディレクター、聖書研究会のリーダー、夏季聖書学校の責任者、そしてカウンセラーである。礼拝は日系一世のためには日本語で、そして日系二世や三世のためには英語で行われた。

マックスはまた、西海岸から離れた諸都市にいる他のクリスチャンたちとも協力して、大学生たちが勉学を始めるために、あるいは勉学を継続するために収容所を出ることができるように、また家族が収容所を出るための職や住む場所探しの手助けをした。彼は、人々の間に架け橋を築く助力を惜しまなかった。「南部バプテストと日系アメリカ人」と題する文章（1942年）には、彼の主張がよく表されている。マックスはバプテストの人々があらゆる人々と分け隔てのない関係を築くことで、キリスト者としての信仰を生き抜くようにと励ました。

> 今の状況は、民主主義を旨とするキリスト教が試され、実験室で検査を受けているようなものです。日系アメリカ人のキリスト者と同様に、私たちも試されています。キリストは私たちに言われています。「旅人（stranger）に愛を示すことを忘れてはなりません。…自分も一緒に捕らえられているつもりで捕われている人たちを思いやりなさい。」「これらの私の兄弟の1人にしたことは、すなわち、私にしたことと同じなのです。」この状況を通して、キリストは南部バプテストの人たちに、これらの人々が伝道、教育、雇用を通してアメリカ社会に溶け込み、その市民権の擁護に向けて援助するようにチャレンジしています。(SGA)

マックスは、バプテストの人々が収容者の苦境を理解し、神の愛の眼差しをもって彼らを見ることができるように願い、そのために尽力した。

10. 日本に少しでも近く

「この幻は、なお、定めの時のため／終わりの時について告げるもので／人を欺くことはない。たとえ、遅くなっても待ち望め。それは必ず来る。遅れることはない。」

ハバクク書２章３節（協会共同訳）

ローワー隔離収容所は、1945年11月に閉所となった。夏になると、収容所を後にする人が多くなりはじめ、まだ残っている人も収容所を去る準備をしていた。マックスが1945年７月３日に外国伝道局にしたためた手紙から、ギャロット一家もまた収容所を離れることを検討していたことがわかる。

> いまや私たちにも行動すべき時が近づきつつあるようです。今、人々は急いで収容所を去ろうとしています。教会員は春の半分以下になり、まだ残っている人々も収容所を後にする計画を立てるのに落ち着かない様子です。ベッツィーはこの秋から小学校に入学する予定ですが、学年が始まる前には引っ越しを済ませて彼女を落ち着かせたいと考えています。そして彼女のために、学年が終わるまではまた引っ越すことはしないようにとも考えています。私たちは、彼女が幼い時分に頻繁に引っ越しを重ねたので、彼女に落ち着いた気持ちをいくらかでも味わえるようにしてやりたいのです。（SBHLA）

最初、ギャロット一家はケンタッキー州ルイビルのドロシーの両親の家に引っ越した。一家は、戦争が終わったというニュースを聞くたびに、できるだけ早く日本に戻りたいとの思いを募らせていた。しかし、その思いはすぐには叶えられなかった。それまでの間、彼らが行き先として選んだのは、できる限り日本に近い場所――ハワイだった。E. B. ドージャーがギャロット一家に、ハワイに来て日本人のための仕事を手伝って欲しいと依頼していたからである。

1946年２月、ギャロット一家はハワイに向けて出航した。マウイ島のワイルクへと引っ越すまでの間、ホノルル市のドージャー家に７週間滞在した。マックスは、教会員37人のカフルイ教会の牧師となった。クリスマスまでには29人の教会員が新たに加わり、家のリビング兼食堂で開かれた日曜礼拝には約70人が集まった。

マックスは、週１回、ラジオ番組「生きる価値ある人生」に出演し、彼が日本で過ごした時の話や、日本人の友人たちについての話を紹介した。彼は、隣人を愛し、敵を愛するというメッセージを発信し続けた。

11. 再び日本へ、西南学院へ

「あなたがたのために立てた計画は、私がよく知っている ── 主の仰せ。それはあなたがたに将来と希望を与える平和の計画であって、災いの計画ではない。」

エレミヤ書29章11節（協会共同訳）

米国と日本の間の戦火がやむと、マックスのもとに友人、同僚、教会、そして学校のニュースが届きはじめた。米国の軍人からの報告や福岡と小倉からの手紙には、戦時中の辛苦と将来の計画について書かれていた。熊野牧師は総主事ランキンへ手紙を送り、「真の思いやりと深い見識をもつ」マックスか、あるいはそれに準ずる他の経験豊かな宣教師を送って助けて欲しいと要請した。外国伝道局は状況を調査し、どのようにそれを進めるかを定めるために２人の代表派遣を決断した。伝道局はエドウィン・ドージャーとマックス・ギャロットにこの役目を打診した。２人とも来日したかったが、調査旅行は２、３ヵ月以上かかりそうだったため、マックスは辞退した。家族と一緒に時間を過ごし、マウイで始めた教会の責任を果たす必要があるとの理由からだった。彼は友人に手紙（1946.12付）でこう書いた。「家族と一緒に行くことが許されるまで待つべきだと、私たちは感じています。時が来れば、神は道を開かれるでしょう。」

1946年10月、エドウィン・ドージャーは１人で日本に行き、日米のバプテストが絆を新たにする道筋をつけた。まもなく他の宣教師にも福岡に行く許可が出た。1947年７月に２人の宣教師が福岡へ向かった。アルマ・グレーヴスと、新任のタッカー・キャラウェイである。キャラウェイは、許可が出るまでハワイに妻と子どもを残したままの赴任であった。９月にギャロット一家（マックス、ドロシー、８歳の長女エリザベス、４歳の長男ビルと、２歳の次女アリス）は、ついにパスポートを受け取り、持参を求められた量の食糧を用意して、日本へ向かう船に乗船する準備を整えた。以前日本で働いた経験のある他の宣教師たちは、客船の切符を手に入れることができていた。しかし、5人の家族の即時乗船は可能性が薄かった。一家は客船の代わりに、肥料用の硝酸塩を韓国に運ぶ貨物船に2室の空きがあるのを見つけた。一家は横浜に到着の予定だったが、寄港先が変わって、10月11日に佐世保到着となった。そこでエドウィン・ドージャー、遠藤あき子、西南学院宗教主任の河野貞幹が一家を出迎えた。

ギャロット一家がなんとか落ち着いた時点で、マックスは日本バプテスト宣教団の正式な代表者としての責任をエドウィンから引き継いだ。その責任には、理事長、主事、財務の任務までもが含まれていた。彼は再び西南学院の神学科での授業を始め、連盟と学校の理事会や、様々な委員会への参加、それに加えて、諸教会での説教の責任も担った。1948年9月15日にジャクソン・マックスフィールド（ジャック）が生まれ、ギャロット家に加わった。

1948年7月に水町義夫が15年間の西南学院院長の任期を終えた時、マックスは、中学校から短大まで2600人の生徒や学生を擁する学院の院長職に就くように頼まれた。管理職が神からの召命であるとは思わなかったが、一時的な役職として引き受けることにした。彼は伝道局総主事コーセン[13)]にその理由を次のように書いた(1948.8.2付)。「今の日本における私たちの働きにおいて、最も緊急かつ重要なニーズの1つは、西南学院を深みがあり、かつ活力的、そして一貫性をもつクリスチャン・スクールにすることだと信じています」(SBHLA)と。

ギャロット家族が住んだ西南学院構内の宣教師館
House on the campus of Seinan Gakuin where the Garrott family lived.

院長として時間とエネ

13) B. J. コーセン（Baker James Cauthen 1909 – 1985）は、1939年から南部バプテスト外国伝道局派遣宣教師として中国に行き、1954年から1979年まで伝道局総主事として働いた。

ルギーを要する１つの仕事は、1949年４月に開学を予定し、マックスを学長とする４年制の大学を設立することだった。大学の新設には、新しい建物、新しい設備、新しいスタッフが必要だった。マックスは有資格のキリスト者の教員を探し、その採用に努めた。また、「文部省との協議のために、暖房のない列車で片道27時間をかけて、おびただしい回数の東京への旅」（ドロシーのインタビューより）をしなければならなかった。マックスは、友人に、学院に対する懸念を手紙で（1948.12付）次のように語った。

戦時中に薄められたキリスト教の質が一番の関心事です。私たちも日本全体を席巻する学生運動から無縁という訳にはいきません。インフレーションは手に負えず、予算を使い果たしています。新国家建設の渦中にある若者の心にキリストを刻印するという挑戦と好機に、身が震える思いです。

1949年の春、大学は予定通りに130人の学生を迎えて開学した。内訳は、神学科10人、英文科40人、商学科80人だった。文部省の認可は教員の大幅な増員を条件としていた。人件費増加のため、またインフレーションによる支出増加のために、マックスは、先に開学のために要請した予算を大きく上回る経済的支援を伝道局に依頼しなければならなかった。翌年、福岡保育専攻学校が西南学院の短期大学となった。

1950年９月、西南学院高等学校校長の伊藤俊男がベイラー大学へ留学に出発したため、学院理事会はマックスに校長代理を務めるように要請した。中学校と高等学校の間には、解決すべき教育に対する幾つかの対立と意見の違いが存在していた。マックスは、校長職を引き受けるなら大学学長の代わりを選ぶように理事会に要求したが、無駄だった。理事会はマックスこそが託された「すべて」の仕事に最もふさわしい人物であると確信していた。

米国による日本占領が終わる1952年を前にして、日本全体は政治的、経済的に不安定な情況下にあった。破壊活動防止法の成立は、表現の自由と結社の自由が制限されるのではないかという懸念を高めた。全国の大学生がキャンパスでデモを行った。マックスは「学生との渉外活動で熟考すべき要点」（1951年）と題した文書で、当時の西南学院の学生について次のように書い

西南学院大学の宣教師たち。左端がマックス、右から４番目がコープランド。(1952年頃)
Seinan Gakuin University missionaries: Max on the left; Copeland fourth from the right.

ている。

> 学生たちは〈中略〉活発で有能です。彼らは闘うための大義を欲しており、その闘いは非常に建設的になり得ます。〈中略〉彼らの闘いの精神を励まし、より良い西南、より良い日本、より良い世界のために、慎重かつ効果的に闘う方法が学べるように援助していきましょう。(SGA)

学生たちは、大学新聞や対話集会で大学を攻撃した。マックスは、教職員に口論や批判ではなく、一致できる点から話し始め、学生の立場から物事を見るように努め、彼らの関心事に理解を示しつつ、学生たちが建設的な方向に向かえるようにチャレンジして欲しいと訴えた。マックスは、学生に攻撃されたときの最初の自分の反応が攻撃的であったこと、そして「非紳士的、非キリスト者的」な行為であったことを認めて、学生たちに赦しを請うた。２人の学生の当時の思い出から、マックスが彼らに残したインパクトは明らかである。桐明正は、『西南学院大学広報』(1987.11.9)の「こんにちは先輩」で次のように語っている。

当時学長だったギャロット先生は、破壊活動防止法案反対のデモをしたり、先生に食ってかかったりする自治会の学生対しても威厳をもって接し、静かにそしてしっかりと指導されました。先生が学長でなかったら、西南はどうなっていたかわからないと思えるほど大きな存在でしたね。

また、当時学生であった副島勲は、マックスについて、『西南学院大学広報』(1990.4.27) の「こんにちは先輩」で次のように述べている。

破防法反対デモとか在学中に大学内を揺さぶる運動もありました。そんな時、ギャロット学長(初代)をはじめ先生方は「是は是、非は非」として学生を諭されながら、一緒に悩んでいただきました。

1952年3月末、マックスは1年間の定期休暇で帰国することになり、様々な任務を辞任した。彼はギリシア語と新約聖書の勉強ができるようにと、行き先にケンタッキー州ルイビルにあるサザンバプテスト神学校を選んだ。神学校付属の女子神学校 (Women's Missionary Union Training School) で教えるよう要請されたが、伝道局と神学校に手紙 (1952.1.8付) を書き、「管理職に就くことを望んでいるわけではありませんが、西南には大学の理念と運営に関する広い知識をもつ人がもっと必要ですので、キリスト教教育の分野での学びと視察に多くの時間を使いたい」と言って、その依頼を辞退した。

12. 西南女学院へ

「だから兄弟たち、私は心からお願いしたい。きみたちはこれほど大きなご慈愛をいただいているのだから、自分自身を神に喜ばれる、生きた、聖なる供え物として献げなさい。それがほんとうに正しい礼拝というものだ。この世の慣習に従うことなく、心を新たにすることによって、すっかり生まれ変わりなさい。そうすれば、神のご意思がどんなものであるかを、神がお喜びになる善と完全とがどのようなものかを、知ることができるだろう。」

ローマ市の信者への手紙12章１－２節（平明訳・新約聖書）

1953年４月、ギャロット一家は米国から福岡へ戻ってきた。マックスは西南学院大学神学科でギリシア語、ヘブライ語、新約聖書釈義、そして学内の他学部でのキリスト教学の授業を再開した。1954年９月には、西南学院の宗教局長の職務を引き受けた。大学の「キリスト教強調週間」という、外部講師を招いて行われる通常より長いチャペルは、彼の任期中に始まった。チャペルは１年前に完成したランキン・チャペルで行われた。新しいチャペルには、ハワイのホノルル市にあるオリベットバプテスト教会から西南学院に贈られた中古のハモンドオルガンが備えられた。

西南学院大学の授業で学生を指導（1955年）
Instructing a student in a Seinan Gakuin University class.

マックスとドロシーは福岡市およびその周辺の諸教会での働きにも積極的に関わり続けた。２人が関わった鳥飼教会は福岡バプテスト教会の伝道所として始まったが、1956年に教会組織をした。マックスはその教会の招聘を受

西南学院大学ランキン・チャペルでのキャンドルサービス（1955年12月）
Candle service in Seinan Gakuin University Rankin Chapel.

諾し、定期休暇の時まで牧師として働いた。

学校、教会、家庭と、マックスは多忙だった。娘のアリスは当時の思い出をこのように書いた。「パパは、教会、教えること、委員会の仕事でとても忙しかった。でも、私たち家族が何らかの意味で二の次にされているという感覚はなかった」（Hooker email）。ギャロット家には、いつも音楽があった。1957年のファミリークリスマスニューズレター（毎年のクリスマスに出す家族の近況報告）には音楽一家の様子について次のように記されている――エリザベスはピアノとトランペット、ビルはトランペットとフルート、アリスはサクソフォンとバイオリン、後にはそれにジャックが加わり、クラリネットを演奏した。家族全員の楽しみは、ドロシーのピアノ伴奏で一緒に歌うことだった。両親は、学問と読書への愛が子どもたちに染み込むようにと努めた。ひらがなを手がかりに宝探しをしたこともあった。夕食後の家族の読書会もあった。本の中にはシェークスピアやディケンズや他の作家による作品もあった。カードゲームやドミノもあった。

1955年には、子どもたち全員が学校に行くようになった。３人の小さい子どもたちは、板付空軍基地にあるアメリカンスクールに入った。エリザベスは高校２年となり、カナディアンアカデミーで学ぶために神戸に行った。1957年に、家族全員が一緒に過ごす機会があった。それは、エリザベスが高校を卒業して、８月にノースカロライナ州のウェイクフォレスト大学で学びを始める前に、福岡で過ごしたときのことだった。一家は富士山に登り、北海道旅行に行き、阿蘇山では洪水に見舞われた。

学校、教会、家庭のことで心配すべきことが多々あった。しかしギャロット一家の心配の焦点は、日本の状況にのみ限定されてはいなかった。1957年

ギャロット一家。写真左からドロシー、マックス、次男ジャック、次女アリス、長男ビル、長女エリザベス（1957Garrott Newsletter）
Garrott family: from left to right Dorothy, Max, Jack, Alice, Bill, Elizabeth.

のクリスマスニューズレター（1957.12付）では、日本人も同じであったが、一家の関心が米国南部に向けられていた。公民権運動が起こり、その年、アイゼンハワー大統領のもと、米国議会で公民権法が可決された。この法案は、学校での人種差別廃止を定めた1954年の法令に続くもので、黒人の選挙権を保障するものだった。

> アメリカでの人種間の緊張が、日本でも多くの関心を引き起こしました。日本自身が差別の問題をもっており、非難のための最初の石を投げる立場にないということを公然と指摘する何人かの日本人を目にして、勇気づけられました。その認識は非常に健全なものです。しかしアメリカは、世界の指導者としては道徳的に不適任だというコメントもあります。日本のために祈り続けてください。私たちもアメリカのために祈っています。（SBHLA）

1958年６月、ギャロット一家に再び定期休暇がめぐってきた。一家は、アーカンソー州のベーツビルでマックスの両親たちと過ごした後、残りの期間をケンタッキー州のルイビルで過ごした。

ギャロット一家は1959年７月に福岡に戻り、マックスは大学で講義を再開した。そして再び、管理職に就くように求められ、宗教局長を10月から翌年５月まで務めた。それに続いて、1960年10月には院長職を兼任するように言われたが、結果的には西南学院院長代理の任命でもあった。その代理は、古賀武夫が翌年11月に院長に就任するまで続けられた。

さらにマックスは、小倉の西南女学院からも難局を打開するために助けて欲しいとの要請を受けた。緊急課題は管理者側と教職員組合との衝突だった。教員の約半数がストライキ中だった。1961年10月、マックスは女学院の理事長になるよう求められた。マックスには、管理者側と組合との間の争議は初めての経験ではなかった。マウイ島のカフルイバプテスト教会で牧師をしていた時、地域全体に影響を及ぼした衝突があった。その当時のラジオ放送（1947.7.19）で、マックスが語った中に、彼が、どのような態度をとることが問題の解決にとって役立つと考えていたかがよく示されている。

> 私はパイナップルの缶詰工場や労働組合をどうやって切り盛りするのか分かりません。しかし神のやり方でやるのでなくては、どちらにしてもうまくやれないでしょう。つまり隣人を己のごとく愛し、お互いのために働くのであって、お互いに敵対して働くのではありません。――人間が金銭より大切だということを忘れてはいけません。――そうすれば利己中心や高慢、権力への策動は取り除かれます。――つまり、神に目を注ぎ、すべての人々が最良だとする決着を神に導いてもらうべきです。

西南女学院の状況は、外部の調停委員会が労働組合の幹部１人の辞任を求めたことでなんとか解決した。組合員たちは、その代わりに管理職１人の辞任を要求した。最高責任者の地位は既に数年間空席であり、副院長の菅野救爾の辞任は、リーダーシップの欠如にさらなる拍車をかけることになった。

マックスの理事長職の任期は、1962年２月で終了した。３月から西南女学院院長、４月から短期大学学長に選ばれたからである。新しい責任にもかかわらず、ギャロット一家は福岡に住み続け、マックスは週に２日、西南学院大学の神学部で教え続けた。外国伝道局総主事コーセンへの手紙（1970.11

付）には、「理事会および管理者側と教員との関係がそうであるように、組合員の教員と非組合の教員との間にある『深刻な問題』と『深い溝』を〈中略〉１年以内に解決しようと努めましたが、早急には解決しませんでした」と書いている。通勤がマックスの時間と健康を害し始めたので、ギャロット一家は1964年２月、小倉へ引っ越した。

長女エリザベスは1962年４月以来小倉の西南女学院に滞在し、平日は英会話を教え、日曜日には英語バイブルクラスで教えた。ビルは高校を既に卒業し、ノースカロライナ州のウェイクフォレスト大学の学生だった。アリスは1964年に米軍板付基地にあるアメリカンスクールを卒業し、テネシー州のカーソンニューマン大学での学びを始めようとしていた。ジャックは当時高校生で、学校で音楽活動に熱中していた。

西南女学院では、マックスは教授会、事務職員、学生たちに、学校の使命についての新たなビジョンを示し、そのビジョンを成就するために一緒に励もうとアピールした。彼は漢字の「要」を例にとってビジョンを説明しようとした。その漢字は「西」と「女」から成り立っており、西南女学院にふさわしいモットーだった。院長就任式（1962.3）のスピーチで、彼は院長としての出発点を次のように紹介した。

> 扇には骨がある。この骨がバラバラであれば、その扇は用をなさない。だからその中心に要（かなめ）があってそれぞれの部分をとめている。学校は、学問、しつけ、生活指導、人格教育などがある。これには扇の骨のようにそれぞれの面に筋金が入り、骨が入っていなければならない。このすべての面が何で締まっているか。それは神の御心を体した信仰でなければならない。学生の１人ひとりも皆、神の造り給うたものである。神が個性を与えてくださり、道を備えてくださっておられるこの１人ひとりを、われわれは、教え、導く使命を託されている。
>
> 〈中略〉女学院の要となるものは神の御心であり、教師全体の要も神の御旨である。神の御旨は何であるかと絶えず祈り、これを求めていきたい。私は教え子が生きた神の呼びかけに応答することのできる者となることを切望する。
>
> （『要』４－7頁）

マックスは、チャペル講話、オリエンテーション、修養会、月報や他の刊行物、委員会、1対1の出会いを通して、伝統に立って互いに協力し、学校をつくりあげるように励ました。

ギャロット一家は、1964年7月末に米国に戻る予定になっていた。その準備の最中に、再び南部の人種問題が緊張状態にあることを知った。マックスは、アメリカの友人たちへの手紙（1964.2付）に次のように書いた。

> この定期休暇に際して、私たちは、西洋アメリカ人の優越意識 ── 福音の広がりと世界平和に対する障壁 ── に対して、個人としてもまた集団としも逃れようのない責任を担っている事実を受け入れなければならないと深く自覚しています。神がその業をまずは私たち自身の中で行ってくださるように、私たちの心と生活を神に向かって開きたいと願っています。（SBHLA）

ギャロット一家が米国にいるとき、マーティン・ルーサー・キング・ジュニア牧師がノーベル平和賞を授与された。マックスはお祝いの手紙を書き、キングが来日することがあったら、いつでも西南女学院に来るようにと招待した。それは実現しなかったが、1986年、西南学院創立70周年記念の折、キングの妻コレッタが西南学院を訪問した。

1965年6月の末、マックスは、フロリダのマイアミビーチで開催された4日間にわたるバプテスト世界連盟の大会で研究発表を行った。「学術教育」と題されたプレゼンテーションには、マックスの理想とする教育やそれを実現しようとする努力が反映されていた。彼は、教育の働きにとって最大の妨げは、彼が「実践的無神論」と呼ぶもの ── 自らの信念に生きることに挫折すること ── であると主張した。「学校における霊的活力について関心のある者は誰でも、清めと導きを求めて、自分の知っている限りの方法で完全に自分をキリストにさらけ出すこと」が必要である。彼は、世界規模の兄弟愛の理想と階級のない社会を取り入れることで、共産主義の挑戦と対決することについて語り、暴力による革命を拒否しつつ、「新しい秩序を創り出す試みは、憎しみ、強欲、プライド、不正直、無責任、権力欲の問題を解決しなければ、すべて失敗する」との認識を示した。キリスト教学校出身の卒業生たちは、

「自己中心の動機や不正直な行いから解放されなければならない」、そして「聖霊の活きた道具になる」ことが期待されている。「最も大切な目標は、学生たちに神が生きておられ、彼ら自身の生活の中で働いておられるという実感をもたせることだ」。彼はまたこうも語った。「愛や正直さや謙虚さの欠如、または、神の臨在と働きについての生きた感覚の欠如」は、宣教師たちや聖書の教師たちにとって霊的に有害である、と。

> 自分自身の欠点に盲目であり、自分の犯した不正を正そうとしない者による説教や公の祈りは、逆効果になりがちです。キリストについて語る際に人の耳を最も早く開かせる道は、その人に対してあなたが行った間違いを誠実に謝り、それを償うために示されたあらゆる対処の方法を実行することです。神の働きが、その人を通して行われる者になることが重要です。――そのような人は、神の愛と神の理解、神の義とその罪の贖いの導管（channel）です。そのような人は、神が答えをもっておられると知っているので、希望と確信に満ちています。その答えとは、想像的（創造的）、革新的（根源的）解決をもたらす知恵と力の両方です。そのような人は、その業が自分自身の能力に依らないことを知るがゆえに平安のうちに和らぐ者です。（Academic Education, 1965 SBHLA）

このような生き方を具現化し、このような目標を実現することは、マックスがミッションスクールで働くために日本へ帰国してからも彼にとって挑戦すべき課題であり続けた。

子どもたちを米国に残して、マックスとドロシーは、1965年夏に小倉に戻った。2人とも学校の教育と宗教活動および地域の教会活動に取り組んだ。子どもたちがいなくても、また彼らの演奏はなくても、マックスとドロシーにとって音楽は支えであり続けた。フルートとクラリネットのデュエットの練習をし、クリスマスのテープに録音して子どもたちに送ったり、西南女学院短期大学の学園祭では、恋の歌やゴスペルソングのデュエットを披露したりした。

1966年3月、マックスは後任が与えられたので、短期大学の学長職から解放された。しかしながら、1964年10月に始めた短期大学の授業、福岡の西南学院大学神学部の授業、院長職は残った。しかし、日本バプテスト連盟のいくつかの委員会メンバーを引き受けたので、仕事量は少しも減ったようには見えなかった。

1966年5月、西南学院は創立50周年を迎え、マックスは記念講演を頼まれた。校歌の1節から取った題は、「永遠の学院　一人のごとく団結して真理に生きよ」であった。マックスは1,000人ほどの聴衆に向かって次のように語り、組織自体は永遠ではないが、学校は真理、愛、神の御心という永遠の価値の上に建てられていることを聴衆に思い起こさせた。『西南学院同窓会報』(1966.7.20) にその時の講演の要約が掲載されている。

> 創立者にとって、西南は決して絶対的なものではありませんでした。西南第一ではなく、神の御心第一でした。この精神を真に受け継いでいる間、西南は『永遠の学院』と言えます。　西南よ、今日、永遠の学院たれ！　真理を生きよ。愛に生きよ！　神の御心に生きよ！　今日、キリストに忠実なれ！

1967年12月6日、マックスは、京都バプテスト病院の医療宣教師であるジム・サターホワイトに、繰り返し起こる健康の問題に関して手紙を書いた。1年かその少し前に、2人は、マックスが速く歩くと、時々胸痛に襲われることについて話し合ってはいた。手紙には、健康上の問題の概要が次のように記されていた。

> ここ数週間、症状の悪化が進み、自分には、それが早くなっているように見えます。そのため、自宅からオフィスまでの短い距離さえ、普段の速度で歩いても気分が悪くなります。例えば、今朝はいつもよりもっと大変でした。若い女性教員のひとりが学校へ行く途中に私を追い越しましたが、私があまりにゆっくり歩いているのを見て驚き、こう言ったのです。「いつもは先生に追いつくことができませんのに。」(SGA)

立ち止まるとおさまるとしても、この息苦しさは57歳にしては異常に思われ、彼は手紙で、サターホワイト医師に、次に東京に行くときに検診のために京都に立ち寄るべきか、それとも地元の医者に相談すべきか、あるいは息切れを我慢すべきかを尋ねた。サターホワイト医師からすぐさま電話があり、薬の服用を始めることと、会合に行く途中、京都に立ち寄ることを勧められた。処方された治療法は、薬を服用すること、運動をすること、そして、仕事上の責任を軽くすることであった。マックスは、神学部で教えるために福岡へ通勤することをやめることにした。しかし1968年、他の仕事に加えて、中学校校長の退職に伴い、後任になるよう求められた。ドロシーの反対にもかかわらず、彼はその職を引き受けた。

1968年、西南学院の状態は困難な局面にあった。学生によるストライキやデモは日本中のキャンパスを覆い尽くし、米軍の沖縄基地に対する反対と、沖縄の日本返還の要求が叫ばれた。その要求自体は不合理なものではなかったが、デモは破壊的で暴力的になっていった。米国の航空母艦「エンタープライズ」が1月に佐世保に寄港したとき、外部の過激な学生たちが西南のキャンパスに潜入し、学生を暴動に駆り立てた。エドウィン・ドージャーは院長として学生たちの攻撃のターゲットになった。教授会と学生の間の仲裁の試み、感情を抑えての過激派学生への対応、学校運営推進などのストレスが心臓に大きな負担を与えた。

ギヤロツト教授と話し合うピケ（二日目）

学内でストを行う学生たちと真摯に話し合うマックス
（1960.7.8『西南学院大学新聞』）
Max talking earnestly with striking students on campus
(from 7.8.1960 University paper).

1969年5月、エドウィン・ドージャーが心臓発作で亡くなったとき、マックスの心臓の容易ならぬ状態を知っていた人たちは、マックスに注意を促した。マックスもやっと自分の健康状態を真剣に考えるようになった。

マックスは、1969年5月末に日本語で、7月3日には英語で手紙を書いた。それは、西南女学院院長ギャロットと西南学院院長伊藤俊男の名前で、「両学院の教職員、理事、関係者」に両学院のために日々祈りを共にする同志を募る手紙であった。両学院のために共に祈ることの必要性をマックスに思い起こさせたのは、西南学院院長E. B. ドージャーの召天だった。その手紙は、1970年3月の学年末まで、祈りにおいてみんなが1つになることへの招きであった。

〈中略〉私は印をつけた次の項目を実行することを心がけます。

□私はできるだけ欠かさずに、毎日、西南女学院と西南学院のために祈ります。
□両西南のうちに、聖霊による精神革命が起こるように特に祈ります。
□両西南のための祈りを、努めて毎日5分間以上いたします。
□心の繋がりをもつために、この祈りに加わる方々の名簿を送ってもらい、私をもその名簿に載せてもらいたい。 (SGA)

100人以上もの人々が、両校のための祈りに参加すると返事をくれた。彼らの1人が、このような意見を述べた。

今日の日本社会に対する私の危機感は、段々強くなっています。でも、私のような者が、何をしなければならないかについていつも悩んでいました。せかせるような何かが、いつも私の心の中に伏流水のようにありました。私にもできることが、はっきりと教えられたように思います。(SGA)

1999年6月に刊行されたマックス監修の『新約聖書』(角川文庫)
New Testament translation edited by Max, published June 1999.

1969年の後半、マックスは松村あき子、飛田茂雄と共に、「農業従事者と労働者層」に向けた平明訳新約聖書の翻訳にとりかかった。

ベーカー・ジェームズ・コーセンへの手紙（1970.11.8, SBHLA）で、その聖書が「教会と関わりをもたない人々にとって分かりにくい『教会言語』を避けたこと、また、あまり読書をしない人たちにとって難しい語彙や文体を避けた」ものになると報告している。松村は既に、翻訳のために膨大なノートを作っていた。マックスは、聖書釈義を担当した。飛田は西南の卒業生で、当時は英文学の教授だった。彼の翻訳と日本語の文体についての学識は、チームがプロジェクトを成し遂げるためには不可欠なものであった。しかしながら、進み具合は遅かった。というのは、メンバーがそれぞれ他に責任をもっていたからである。

1969年は、南部バプテストによる日本伝道開始80周年に当たっていた。マックスは、牧師たち、日本バプテスト連盟の指導者たち、他の宣教師たちと共に、過去を振り返り、将来の計画を立てた。しかし、連盟の中では、伝道局の経済的支援から独立しようとする動きの高まりや、文化的な違いに起因するフラストレーション、または、国内に駐留し続けるアメリカ軍の存在や、ベトナム戦争への米国の参加が摩擦を引き起こしていた。

1970年には、バプテスト世界連盟の年次総会が東京で開かれることになっていた。マックスは、バプテストの信者たちが世界中から集うのを待ち望んでいた。しかし日本では、必ずしも全員がこの親睦と礼拝の機会を歓迎したわけではなかった。反対派の一群が、会場の外でチラシを配布した。混乱は大きくはなかったが、不満は明らかだった。

これらの緊張は、バプテスト内に限ったものではなかった。いくつかの教派では、少数ではあったが、強い政治的志向をもって意見を主張する反体制派がいた。いくつかの大学神学部は閉校を余儀なくされた。西南学院でも神学部の学生たち

西南女学院院長時代のマックス
（年月不詳。院長室にて）
Max while chancellor at Seinan Jo Gakuin
(date unknown, in chancellor's office).

がストライキを組織した。マックスは1970年４月に神学部で１クラスの授業を再開していたが、学部教授会には出席せず、教室外での学生たちとの接触もしていなかった。ストライキは、マックスに福岡の神学部に戻りたいという思いを強くさせた。

９月に、マックスは1971年３月31日付で西南女学院院長の辞任を願い出た。それは、残るエネルギーを未来の牧師たちの教育に注ぎこむことと、新約聖書の翻訳プロジェクトに専念するためだった。小倉で過ごした10年を振り返り、マックスは『西南女学院月報』（1972.2）に次のように記した。

> 10年前に私が西南女学院に赴任したのは、激しい争議の直後であっただけに、今、信頼関係が確かに成立していると思うと、私の10年間の最も基本的な責任が果たされたと思って、感激の涙が出るくらいです。

しかし、学生たちとの信頼関係は安定からは程遠いものだった。学生たちは、チャペルの後、新入生にアナウンスするための10分を要求した。その10分間は新聞記者やカメラマンが臨席する数時間の集会に変わった。それは、授業料値上げ反対を煽る集会となった。マックスは、数日後、学生たちが来て「申し訳ありませんでした。先日行ったことは間違いでした」と謝罪するまで、失望の中にあった。

辞任後の４月、マックスとドロシーは短期休暇を取り、米国へ帰国した。

13. 再び福岡へ

「いまから言うことを心に刻みつけておきなさい。一粒の麦は、地に落ちて死ななければ、いつまでたっても一粒のままだ。だが、死ねば、やがて多くの実を結ぶ。」

ヨハネによる福音書12章24節（平明訳・新約聖書）

6ヵ月間の定期休暇の後、マックスは日本に戻ってきた。1972年4月、ドロシーと共に福岡に転居し、神学部でギリシア語とヘブライ語を教えた。講義と翻訳に集中する予定だったが、6月に西南学院理事長就任を要請され、9月に理事長に就任した。その職は、西南学院院長に選任される翌年4月まで続いた。翌年4月には、宗教局長の職務も加わった。

『西南学院月報』（1973.6）に掲載された院長就任の辞で、院長の仕事をどう見ているかについて次のように述べている。

西南学院大学神学部の授業（1973年頃）
Seinan Gakuin University Theology class.

西南学院大学短期大学部の卒業礼拝で祝祷を行う（1973年3月）
Benediction at the graduation worship service for Seinan Gakuin University junior college.

> わたしは院長の役割を「ぼろぞうきん」と「詰まらないくだ」と思っております。雑巾とはきれいな物でもなければ大事にされるものでもありませんが、どの家庭にもなければならないものです。院長に選ばれたあとで、理事のひとりから、「院長の役割のひとつは苦情処理です。どんな問題が起こっても院長はそれを避けることができません」というようなことを言われました。これはつまり院長の雑巾としての役割です。

西南学院大学正門前で（1973年頃）
At the main gate of Seinan Gakuin University.

「くだ」と申しますには、ふたつの意味があります。そのひとつは、人と人との間のコミュニケーションの器具です。西南の規模が大きくなり、人数が多くなればなるほど対話が薄くなってまいります。教職員同士の対話、学生生徒同士の対話、学生生徒と教職員との対話が希薄になりがちで、西南の中の諸学校の間の対話も消え、学院全体がバラバラになる恐れがあります。院長のひとつの役割はやはり人と人の間の「管」となり、対話を発生させる「触媒」としての機能です。

院長室の戸を開けっ放しにしているのはこのためです。会議の時などは閉めますが、原則として開けっ放しにしております。本部の二階、階段上がって右側にすぐです。みなさまのおいでをお待ちしております。

「くだ」としてのもうひとつの意味は、神の愛と神の力が西南に流れ込む器具となる役割です。もちろんこれは院長だけの役割、院長の独占する役割ではなく、多くの人の果たすべき役割でもありますが、院長こそ、この役割を果たさなければ院長として失格であるとわたしは信じております。

1973年12月29日は、ギャロット夫妻の35年目の結婚記念日だった。その夜、ドロシーが目覚めて見ると、マックスが胸痛のために起きていた。彼は既に心臓の薬を飲んでいたが、まだ痛みは治まらなかった。ドロシーは近くに住む友人の医者に電話をかけ、正月休みの前に診てくれる病院を探して欲しいと頼んだ。医者は救急車でやってきて、マックスを病院に連れて行った。受け入れ先の病院での診察の結果、心筋梗塞と診断され、6週間入院することになった。病院は年末年始の休暇中だったので、ドロシーは病院に寝泊まりして看護を手伝うことを許された。退院後数週間は自宅療養で過ごした。息子のジャック一家が3月から佐世保で働くため戻っていたため、マックスは孫娘たちと過ごすことができた。また、一番下の孫娘が歩き始めるのを見ることもできた。仕事に復帰したときは行動に制限を受けたが、マックスは責務を果たすべく熱心に働いた。

ギャロット一家は4月から4ヵ月の休暇を取る予定だった。しかし、マックスは、5月の西南学院創立記念日で式辞を述べるために、出発の延期を望んだ。理事長の坂本重武は、各式典会場へマックスと同行した。彼はその時のことを『キリスト教学校教育』の記事(1974.7)で、次のように記している。

お孫さん（次男ジャックの長女ルース）と(1974年3月)
With granddaughter Ruth.

5月11日の創立記念式は、従来、全学院で行っていたが、本年は各校別に行うことになった。第1回は中学で行われ、院長は元気な声で式辞を述べられた。終わって、私と先生は高校の式場まで歩いた。わずか300メートルの距離であるが、先生の足は遅れがちで、とうとう、「私はゆっくり歩くから、あなたは先に行ってください」と言われた。

私は先生をせかせてはかえって悪いと思い、ひとり道を急いだ。50メートルぐらい歩いてから、念のため振り返ってみると、先生はじっと立ち止まっておられた。私は驚いて戻った。しかし、先生は「いや、いつものことで、別に心配はいりません」と言われた。私は、よく先生に接していたが、多くは室内や会議の席であって、これほどまでに歩行に困難されるとは全然

西南学院創立記念日の昼餐会で夫婦そろって挨拶（1974年5月)。これが西南学院における最後の姿となった。
Garrotts giving a greeting at the Seinan Gakuin Founders' Day Luncheon, This was Max's last appearance at Seinan Gakuin.

知らず、これは容易ならぬことであると思った。しかし、先生は、高校でも大学でも、大きな声をあげて式辞を述べられた。

マックスの創立記念の式辞と祝祷はこれが最後となった。その式辞の最初と最後の段落は、西南学院の未来に対するマックスの強い願望を反映している。『西南学院大学広報』(1974.7.4)は次のように記載している。

先日、私は家族の者と太宰府を訪ねました。天満宮に入ろうとする所の右側に、とても大きな楠が立っています。ところが、木の中は空洞でした。この木がいつまで残るかわかりません。そのうちに倒れるでしょう。外見はとても立派で、素晴らしい大木です。が、その芯がなくなっているから、そのうちに倒れるでしょう。〈中略〉

今や西南学院は外面的に非常に立派になっている。世間的にも高く評価されている。しかし、私たちは、その大きな西南学院が、芯のない大木にならないように、お互いにその芯を育ててゆきたいのであります。

式典に続く立食パーティーの後、マックスとドロシーは空港へ直行した。ジャックが空港で見送りのために落ち合い、両親の荷物を運んだ。これはジャックの後日談である。「父は狭心症のため、〈中略〉ほとんど誰も知りませんでしたが、舌下にニトログリセリンの錠剤を置いていました」。彼は神の恵みによって、無事にアメリカに到着した。医者はマックスに、機内で眠れるようにと処方薬を渡していた。到着後はしばらく休養し、親戚を訪問した。それから母校のアーカンソー州のコンウェイにあるヘンドリックス大学に立ち寄り、そこで名誉卒業生の表彰を受けた。

その後、ノースカロライナ州のウィンストン・セーラムのボーマン・グレーバプテスト病院で心臓専門医と会う予約を取った。マックスが持参したカルテを見た医者は、マックスが自力で診察に来たことに驚きを隠せなかった。血管造影検査が翌日に予定された。マックスが終日身動きできない状態となったので、ドロシーとアリスは親戚を訪ねる日帰りの旅行をした。医師はドロシーには話していなかったが、マックスには、検査自体が致命的な心臓発作を引き起こす可能性があると伝えていた。しかし検査なしでは手術ができず、手術なしでは日本に戻る望みがないので、マックスは検査を受けることを選んだ。

面会に来た日本での同僚宣教師メルヴィン・ブラッドショー[14)]は、マックスの目の涙に気がついた。彼はマックスについて、今までに、生きるためにこれほど多くの理由があり、また、死ぬためにこれほど多くの備えがある人を見たことがない、と語っている。マックスは家族に手紙を用意した。その手紙（1974.6.19付）には、家族への愛と強い希望が読み取れる。

> 私は、あなた方がこれを読むことがなければよいが、と思っています。しかし万一に備えて伝える機会を逸するべきではないと思うので、このやり方でみんなに伝えたいのです。あなた方１人ひとりをとてもとても愛している。神がみんなを幾重にも豊かに祝福してくださるように祈っています。〈中略〉
>
> みんなが既に知っているとおり、あなた方１人ひとりに対する私の何にもまさる切なる祈りは、あなた方が、あなた方に対する神の御心のまさに中心に生きるようにということです。──それは神の御心に生きるということでは、誰にでも完全に当てはまることですが──みんなが神に対して常に神を身近に感じ、また神への全き応答者となるように祈っています。神の御心に生きることが与うる限り最高の幸福、与うる限り最高の実り、与うる限り最高の成就をもたらすと確信して人生を歩んで欲しい。
>
> おやすみなさい。愛してるよ！　(SGA)

彼は続けて、ドロシー宛てに彼の願いを付記している。葬儀は「賛美と感謝を中心に」行い、火葬にして「西南女学院の墓地の隅」に埋葬するように、と。

狭心症の検査は成功裏に終わったが、心臓の２本の主要な血管が詰まっており、３本目も一部が詰まっていることが明らかになった。心臓専門医は、バイパス手術成功の可能性は50％であるが、その手術なしには１日でさえも

---

14) メルヴィン・ブラッドショー（Melvin Bradshaw 1925－2021）は、1950年に南部バプテスト外国伝道局宣教師として日本に派遣され、日本バプテスト病院初代医療牧師（チャプレン）、牧師、西南学院大学の教師として日本で25年間働いた。

西南学院大学ランキン・チャペルで行われたマックスの学院葬
(1974年7月7日)
Funeral service for Max held at Seinan Gakuin University Rankin Chapel.

命の保証ができない、と伝えた。手術は順調に行われた。しかし、心臓を再鼓動させようとしたとき、心臓は元のようには動かなかった。マックスは麻酔状態のまま、1974年6月25日(日本時間6月26日)、天国へと旅立った。64歳であった。

賛美と感謝の記念会が、6月28日にバージニア州リッチモンドにある外国伝道局チャペルで行われた。7月7日には、西南学院大学ランキン・チャペルでも学院葬が執り行われた。生前の願い通り、マックスは小倉の西南女学院の「西南の森」墓地に埋葬された。墓石には、ヨハネによる福音書4章34節の聖句「わたしをつかわされたかたのみこころを行う」が刻まれた。

おわりに

W. マックスフィールド・ギャロットは、それが自分に対する神の御心だと確信して、日本へやってきた。何かを選択するときには、神の導きを求めた。しかし、「キリスト者になるとは卒業ではなく、入学のようなものだ」とよく言っていた。マックスは、信仰の歩みを続けながら成長した。直面した状況から、また周りの人々から学んだ。その道行きで何度も、聖書を読むことと祈りを通して、神の御心の再確認を行った。息子ジャックは次のようなできごとに遭遇した。「父が床にひれ伏して、神に向かって叫んでいました。『神よ、日本の救いを妨げているのが私であれば、私を取り除いてください』」。彼は、神が与えられた務めを忠実に行えるように、導きを求める祈りを終えると立ち上がった（同窓会のスピーチ）。

マックスの教育への貢献は、多くの人々が認めるところである。1970年11月には、福岡県知事から県私学教育功労者の表彰を受けた。また1974年6月、亡くなる前日に遡って勲三等瑞宝章が日本政府から贈られた。

マックスが続けてきた新約聖書の翻訳は、彼が召天したときには、その半分しか完成していなかった。完成した部分は角川書店から、『新約聖書』ウィリアム M. ギャロット監修で1999年に刊行され、3版を重ねた。それには4福音書、ローマ市の信者への手紙、コリント市の信者への第一の手紙、第二の手紙が含まれている。

マックスは語るときにも書くときにも、言葉の選択には多くの努力を払ったが、人々と過ごす時間がいかに大切かをよく理解していた。彼はサザンバプテスト神学校の神学論集 *Review & Expositor*（1941.10）に、「イエスは如何にして指導者を訓練したか」という論文を寄稿し、次のように書いた。

> 私たちは、イエス・キリストが昼夜分かたず、どのように12人の弟子たちと過ごしたか〈中略〉また彼らをどのように訓練したかを見てきた。今日の私たちに示されていることは明らかである。イエスのそれに匹敵する結果を得るためにあなた方みんながすべきことは、イエスのようになり、少なくても十分な

人数の人々が、あなた方を通してイエスのイメージを得ることができるように、彼らにこれ以上ない近さで生活することである。

多くの人々が、マックスの生き方にイエスを見た。彼は、いつも人々が直ちに応答することは求めなかった。彼は自分が蒔いた種に誰かが水をやり、その成長は、神がしてくださると確信していた。彼が１人の卒業生に、遅すぎることは決してないことを気づかせたエピソードがある。桐明正は、『西南学院大学広報』(1987.11.9）の「こんにちは先輩」のインタビューで、電車でマックスに出会ったときのことを、こう語った。

卒業して20年ぐらいたってから、ギャロット先生にばったりお会いしたんです。〈中略〉いろいろと近況なんかを話して、最後に「先生、こうして今でも西南にしょっちゅう来ていますが、とうとうクリスチャンにはならずじまいでした」と言ったんです。すると先生は急にピッと背筋を伸ばして「桐明さん、ならずじまいはないでしょう。あなたが生きている限り終わりはありませんよ。そんなこと言ってたら何もできませんよ」と極めて厳しい口調でおっしゃったんです。ショックでした。オーバーな表現のようですが、本当に頭をガーンと殴られたみたいでしたね。何でもあきらめちゃいけない、あきらめたらそこで終わりだなと、しみじみ思いました。その時の強烈な印象は今でも忘れることができません。

最後に、2015年６月に行われた西南学院大学同窓会で、ジャック・ギャロットが父親について行ったスピーチの一部を紹介して、結びの言葉としたい。

父を知らしめたひとつの名言がありました。C. K. ドージャーは死の床で語った「西南よ、キリストに忠実なれ」で有名です。しかし、父の名言は、もっと若いときに、そして時々語っていたものです。それは、「分かっただけの自分を分かっただけのキリストに捧げなさい」です。私たちは誰も、自分のこと完璧に知ることはできません。この地上に生きている限り、私たちは誰もキリストを完全に知ることがありません。ですから、このことは継続的に取り組む献身（コミットメント）です。あるキリスト者は、バプテスマを受けてからほとんど成長しません。これは、成長しない子どもと同じです。それは、恐ろしい病いだと思います！　分かっただけのキリストに分かっただけの自分を捧げることは、まさしく救いへの道なのです。それはまた、それぞれの信仰者が日々行うべき事柄でもあります。私たちはキリストのことをほとんど知らないかもしれません。しかし、もし私たちが、キリストは私たちの罪を取り去り、永遠の命を与えるために死に、復活した神の子であると確信するなら、私たちが神の子どもとして受け入れられ、キリストと共に永遠に生きるためにはそれで十分なのです。私たちが一旦そのような献身をすれば、日々の生活はキリストについてさらに学ぶ好機となります。また同時に、私たちが長く生きれば生きるほど、自分自身についてより多くの発見があります。成長、喜び、満足の道は、分かっただけの自分を分かっただけのキリストに捧げる、日々この両方を偏ることなく行い、その献身を深め続けることです。これこそがお一人おひとりに対する父の願いであったはずです。みなさんは、西南で、キリスト教への「免疫のために」バイブルクラスを経験されたかもしれません。あるいは、もう何年もキリスト者である方もいらっしゃるでしょう。しかし、私たち１人ひとりに対する父 W. マックスフィールド・ギャロットの変わらないチャレンジは「分かっただけの自分を分かっただけのキリストに捧げなさい」に違いありません。

I．父の想い出

アリス・フッカー　　　（次女）
ジャック・ギャロット（次男）

前列左から長女エリザベス、次男ジャック、同夫人キャシー、アリスの夫ローレン
中央左からジャックの長女ルース、長男ビル、エリザベスの夫ティム
後列左からルースの長女アニタ、次女アリス
(2013年10月　ケンタッキー州にて)

First row: Elizabeth, Jack, Jack's wife Cathy, Alice's husband Loren
Second row: Jack's older daughter Ruth, Bill, Elizabeth's husband Tim
Back row: Ruth's daughter Anita, Alice
(Picture taken October, 2013 in Kentucky)

1. マックス・ギャロット

──父、牧師、教師、管理者、メンター
──神の僕──

アリス・フッカー

忘れがたい父との思い出は、西南のキャンパスでの幼少期に始まり、小学1年生となった年に神学校近くの干隈の家へ引っ越した後にもたくさんあります。西南を男女共学の大学へと改組する先導役を担いながら、伝道者の神学教育、教育と管理の職務で忙しいながらもとても愛情深く（可能な限り）家族に尽くした父親でした。自転車でピクニックへ出かけたり、家族で「フリンチ」「ルーク」「ドミノ」といったゲームをする夕べのひとときをもったりしたほか、毎晩「歌と祈り」と呼んでいたデボーション（黙想）の時間ももちました。1953年、定期休暇から〔福岡に〕戻った後は、この夜のデボーションに西条家の皆さんも迎えました。小さな青い表紙の讃美歌を使って英語と日本語の歌詞を交互に歌い、その晩の聖書箇所を１節ずつ英語または日本語で輪読し、順番に祈りました。

父は、鳥飼の幼稚園教諭養成学校のキャンパス内に教会の開設を依頼され、父をはじめ、母、兄のビル、私、そしてその少し前に西南学院教会でバプテスマを受けたジャックが創立会員となりました。エリザベスはその頃アメリカの大学で学んでいました。こうして父は、私の牧師でもあったのです。説教が日本語で行われたため、私はその意味の多くを捉え損ねていたと思います。それでも両親は、私たちの理解を深めるために英語でメモを取ることを勧めました。

私は大人になってから、父ともっと一緒に時間を過ごしたかったと、ずっと思っていました。当然のことながら、父のものの考え方の多くは、母の解釈を通して私に伝えられました。母いわく、管理職は決して父の本望ではなかったけれど、それに「召集」されて、奉仕しなくてはという気持ちに駆られたそうです。私たちが福岡に戻った1947年に、父が〔西南の〕管理を任されることは当然のことだったかもしれません。その後、私は高校生となり母が家族の所用でアメリカに一時帰国していた折に、父は西南女学院の院長として務めるため、小倉に通い始めました。1963年に私が大学進学のために日本を発った後、両親は小倉に引っ越し、そこで10年間生活しました。当時は学生も教員もかなり不安定な状況で、どんな立場の人からも支持を得られるのは「ギャロット先生」しかいなかったのだと母から聞きました。

父は長年に渡り、松村（旧姓・遠藤）あき子さんが従事していた新約聖書をギリシア語から日本語に翻訳する仕事のメンターでもあり、同労者でもありました。松村さんは長くご自身のデボーションをギリシア語〔の新約聖書〕でやっていました。3人の委員会が形成され、（入れ替わりのあった）3人目の委員が日本語訳の正確さや読みやすさをチェックし、パパがギリシア語の意味を確かめ、私たち家族にあきちゃんと呼ばれていた松村さんが原典を翻訳しました。このやり方で完成できた部分は出版されました。

〔小倉での〕10年間の後、父は西南女学院を辞し、両親は、父が教師の職務に集中できるように干隈の家に戻りましたが、そこでなんとまた西南学院に「召集」されました！ 35回目の結婚記念日だった1973年12月29日、母が挿し木から育てた花を友人や近所の方々に配った後に、父は心臓発作を起こしました。その後の短期休暇中では、両親は私と共に〔私が仕事をしていた〕サウスカロライナ州を拠点に活動しました。その折、父が学士号を取得したヘンドリックス大学から〔優秀な卒業生に送られる賞〕《Distinguished Alumnus Award》の授与を受けるため、一緒にアーカンソー州コンウェイを訪れました。定期休暇中の健康診断は、ノースカロライナ州ウィンストン・セーラムにあるボーマン・グレーバプテスト病院で受けました。健康診断の結果、緊急に心臓のバイパス手術を要することが分かりましたが、術後どうなるのかは大変不確かでした。担当の心臓専門医が、結果がどうなろうとも手術をしなければ日本に戻る医療許可は出さないと伝えると、父は手術を受けることに決めました。1974年6月25日、64歳の誕生日の5日後に、ウィンストン・セーラムにて麻酔で眠りにつき、天国で目覚めたのです。

私は、この間〔父の最後の休暇期間〕、両親と共に過ごすことができたことをいつも感謝しています。私は、全くの平安と落ち着きに満ちていた父の姿を決して忘れることはないでしょう。父の一生がそうであったように、その結果は神の御手の中にあったと確信しています。　(2020年7月)

※〔　〕は編集・監修者で追記。

2．時代を超えた父親

JMG から見た WMG

ジャック・ギャロット

父についてもっとも記憶に残っているのは、母への愛だと思います。私は幸運にも両親が結婚していた期間より自分の妻とはるかに長く結ばれているので、この父の印象は時が経つにつれてますます強くなっています。その愛は私の結婚にとって貴重な手本となっており、また私が結婚式の前後に、他のカップルにカウンセリングを行う際にも、とても重要な参考になっています。

もうひとつ父に関して印象深いものに、謙虚さがあります。父は非常に才能があり、歴史書に出てくるような人との交際も普段からありましたが、「上から」ではなく、同じ目線で話をしました。うぬぼれないようにと自身の中で葛藤を感じており、実際それで悩んでいたのかもしれませんが、決して自分が他の誰よりも神にとって価値のある存在であると思い込むほどではありませんでした。

私が妻と子どもたちを日本に連れて来てから、父が母と最後にアメリカに発つまで、一緒に過ごしたのはわずか２ヵ月半だったのですが、父と幸せな語らいの時をもつことができました。その中で、父はこの本にも言及されているオックスフォード運動での、人生の転機となった経験を語ってくれました。講演者が５つの「絶対」について話したそうです。その全てをすぐには思い出せなかったものの、１つだけはっきりと記憶に残っていたものがありました。それは「混じり気のない正直さ」でした。それは父がすでに模範となって私に刻み込んでいたことでもありました。父は〔正直すぎて〕なんとスパイに不向きな人物だったことでしょう！ オックスフォード運動の講演の要点の１つだったかどうかはさておき、父はいずれにしても、究極的な献身（コミットメント）をもって主に仕えており、それはどんな行為にも見てとることができました。

父が〔東京での〕戦時強制収容所の経験として語ってくれたことの１つに、仲間と時間を過ごすためにポーカーをした話があります。父は賭け事をしたくなかったものの、他の収容者たちとの交流のために参加しましたが、２つの基本ルールを設定したそうです。それは第１、他人のお金を取ることはしたくなかったので勝っているうちはやめない、そして第2、もし２銭（１円の百分の一）以上借金するようなことになったら直ちにやめる、というものでした。しかし父はしばらくしてポーカーをやめなくてはならなくなった、と言うのです。なぜかというと、借金をするようなこと〔負けること〕が一度もなかったからなのです！

私がより上等のクラリネットを手にしたとき、母は私のお古を使って自分も学ぶことにしました。あるミッションミーティング〔宣教師の集い〕で、ピアノ伴奏の父も一緒に３人で演奏した際に、私はその演奏を「『老犬に新しい芸を教えることはできない』（ことわざ）が無効であることの証明です」と紹介しました。しかし、それに対してなんと父は即座にピアノから立ち上がり、「いや違う、この演奏は、私の妻が老犬ではないことを証明するものです！」と反論したのです。

1964年の夏ほど父に親しみを感じたことはそれまでありませんでした。母は一足先にアメリカに行き、父と私はアーカンソー州に到着後、ケンタッキー州のルイビルへ自由に使うようにと用意された車で向かいました。そこでは母方の祖母が介護施設に入居していて、すでに母が見舞っていました。私が父より先に部屋に入ると、「まあマックス、あなた、10歳は若く見えるわよ！」と祖母が驚いた声を上げたのです。もちろん、10歳以上の年齢差があったのですが、それほどまでに父に似ていることを誇らしく思うようになりました。

父との最も深い交わりは、共に過ごした1974年の短いひと時でした。その分、後の別れがより一層つらいものとなりましたが、訃報の知らせを受けたとき、私の頭に最初に浮かんだのは「父は引退しないまま逝けてよかった」ということでした。麻酔からそのまま天国に行くなんて！ 個人的には、これ以上穏やかな死を考えることができません。人々は父が64歳で人生を「断たれた」と考えますが、神はその父に、次のように言われたのだと、私は強く思わされています。「よくやった。良い忠実な僕よ。お帰りなさい！」

(2020年7月)

※〔 〕は編集・監修者で追記。

Ⅱ. W. M. ギャロット年表

年	月日	事　　項
1910	6月20日	米国アーカンソー州ベーツビルに生まれる
1925	5月	アーカンソー州コンウェイの高等学校を卒業
1929	5月	アーカンソー州ヘンドリックス大学を卒業（B.A.）
1932	1月	ケンタッキー州サザンバプテスト神学校（Southern Baptist Theological Seminary）Th.M 課程を修了（Th.M.）
1934	5月	同校 Ph.D. 課程を修了（Ph.D.）
	8月	南部バプテスト連盟外国伝道局（ミッションボード）から宣教師として日本に派遣されることになり、米国を出発
	9月9日	横浜に着き、1936年8月までの2年間、東京で日本語を学ぶ
1936	9月1日	西南学院高等学部教授（1949年3月まで）
1937	3月	西南女学院理事（1939年2月まで）
	月日不詳	日本バプテスト西部組合理事
	月日不詳	日本バプテスト宣教団財務委員長
	月日不詳	日本バプテスト宣教団理事・伝道委員
1938	月日不詳	日本バプテスト宣教団主事（1939年7月まで）
	月日不詳	日本バプテスト西部組合主事（英語担当）（1939年7月まで）
	12月23日	ドロシー・シェパード・カーヴァーとの結婚を長崎領事館に登録
	12月29日	ドロシー・カーヴァーと西南女学院のロウ講堂で結婚式を行う
1939	7月	定期帰国（1940年8月まで）、ニューヨークのユニオン神学校で学ぶ
	10月29日	長女エリザベス・アン（ベッツィー）が生まれる

1940	9月1日	西南学院高等学部神学科と関東学院高等部神学科が合併し、日本バプテスト神学校が東京・田園調布に開設されたため、同校教授として赴任
	10月	日本バプテスト宣教団財務担当（1941年12月まで）
1941	3月6日	日米間の緊迫化により、妻ドロシーと長女エリザベスが帰米
	12月	日米間の戦争勃発後も引き続き日本バプテスト神学校教授、また宣教師として奉仕していたが、田園調布の菫学院の敵国人収容所に収容される
1942	6月25日	日米交換船浅間丸で日本を離れ、その後、グリップスホルム号に乗り換えて、8月25日にニューヨークに到着
1943	2月	テキサス州ヒューストンで日系人伝道の働きを始める
	5月24日	長男ウィリアム・カーヴァー（ビル）が生まれる
	10月	アーカンソー州にあるローワーとジェロームの日系人の強制収容所にあるキリスト教会で働くためにマクギヒー市に住む
1944	9月	ドロシーが戦時移住局に雇われ、ローワー収容所の小学校教師になり、それに伴って移住し、ローワー連合キリスト教会で働く（1945年7月まで）
1945	4月23日	次女ドロシー・アリス（アリス）が生まれる
1946	2月	ハワイへ移住
	3月	ハワイ・マウイ島ワイルク市のカフルイバプテスト教会の牧師を務める（1947年まで）
1947	10月11日	家族と共に来日し、西南学院専門学校教授として帰任（1954年まで）
	11月	日本バプテスト宣教団代表（1948年11月まで）
	12月	西南女学院理事（1952年3月31日まで）
	月日不詳	日本バプテスト連盟副理事長（1948年まで）
1948	4月	福岡の西南学院バプテスト教会協力牧師（1952年4月まで）

1948	7月10日	西南学院理事（1952年11月19日まで）
	9月15日	次男ジャックソン・マックスフィールド（ジャック）が生まれる
	12月10日	西南学院院長（1952年11月20日まで）、西南学院専門学校校長事務取扱兼任（1949年3月まで）
1949	4月	（新制）西南学院大学学長（初代）（1952年3月31日まで）、西南学院大学教授（1964年まで）
	8月	日本バプテスト宣教団理事長（1950年11月まで）
	月日不詳	日本バプテスト連盟理事（1949年、1951年、1952年、1954～1957年、1959～1963年、1966～1969年）
1950	6月	西南学院高等学校長事務取扱（1951年6月まで）
1952	1月	定期帰国（1952年6月まで）、サザンバプテスト神学校で研究休暇
	9月	休暇帰米、サザンバプテスト神学校ならびにWoman's Missionary Union Training Schoolの客員教授（1953年5月まで）
1953	9月1日	西南学院宗教主任（1957年5月まで）、同大学宗教主任（1957年12月まで）
1954	4月	西南学院理事（1957年11月まで）
1956	1月	*Japan Advances*をNashvilleのConvention Pressから出版
	3月	西南女学院理事（1958年2月まで）
	月日不詳	日本バプテスト連盟出版委員会委員
	10月	教会組織を果たした福岡の鳥飼バプテスト教会牧師（1958年5月まで）
1957	5月10日	西南学院宗教部長（宗教主任の名称変更）（1958年6月10日まで）
1958	6月10日	休暇帰国（1959年8月1日、日本に帰任）
	9月	サザンバプテスト神学校併設のCarver School of Missions and Social Work客員教授
1959	10月19日	西南学院宗教部長再任（1962年5月10日まで）

1960	5月13日	西南学院理事
	10月1日	西南学院院長代理（1961年2月まで）
1961	9月1日	西南学院院長事務取扱（1961年10月31日）
	11月7日	西南女学院理事長（1962年3月31日まで）
1962	3月1日	西南女学院院長（1972年4月30日まで）、同理事（1974年6月まで）
	4月1日	西南女学院短期大学学長（1966年3月31日まで）
	月日不詳	日本バプテスト連盟奨学金委員長（1963年まで）
	月日不詳	鳥飼バプテスト教会宣教師（1965年まで）
1964	7月	定期帰国（1965年8月まで）
	10月13日	西南学院大学退職
	10月14日	西南女学院短期大学英語科教授（1972年3月31日まで）
1966	月日不詳	日本バプテスト連盟出版委員長
	月日不詳	小倉の日本バプテストシオン山教会宣教師（1972年まで）
1967	月日不詳	日本バプテスト宣教団理事長（1969年まで）
	月日不詳	日本バプテスト連盟財務委員長（1969年まで）
1968	4月1日	西南女学院中学校校長（1969年5月31日まで）
	5月	定期帰国（1968年9月まで）
1970	11月	福岡県私学教育功労者の表彰を受ける
	月日不詳	北九州バプテスト地方連合会長
1972	4月1日	西南学院大学神学部教授（1974年6月26日まで）
	6月7日	西南学院理事長代理（1972年9月12日まで）
	9月13日	西南学院理事長（1973年4月5日まで）
1973	4月1日	西南学院院長事務取扱（1973年4月5日まで）
	4月5日	西南学院院長（1974年6月26日まで）、同宗教局長（1974年6月26日まで）
	12月29日	心筋梗塞のために入院（1974年2月まで）

1974	5月11日	定期帰国
	6月25日	勲三等瑞宝章を受ける
	6月26日	心筋梗塞のため、米国ノースカロライナ州において逝去（64歳）
	6月27日	米国リッチモンドにて米国南部バプテスト連盟外国伝道局による告別式が行われる
	7月7日	西南学院葬がランキン・チャペルで行われる
	9月22日	北九州市小倉の西南女学院において追悼式及び埋葬式が行われ、同構内の「西南の森」に埋葬される
1975	1月23日	西南学院中学校新体育館が完成し、「GARROTT GYMNASIUM」と命名
1977	3月8日	ドロシー・カーヴァー・ギャロットからの寄付金を基に、神学部の教育研究助成のために「W・マックスフィールド・ギャロット記念基金」を設立
1982	9月6日	ドロシー・カーヴァー・ギャロットが逝去（72歳）

Ⅲ. 資　　　料

Documents

凡　例

1．資料は、年代順に掲載した。

2．資料の表題の刊行年は、西暦のみで表記した。

3．資料は全て活字化して掲載した。その場合、次の点に留意した。

(1) 全て横組みとした。

(2) 漢字は原則として常用漢字に改め、俗字・略字・異字体などは正字に改めた。

(3) 難読な漢字には適宜ルビを付した。

(4) 正確な理解のために平仮名を漢字に、漢字を平仮名に改め、句読点を付したところがある。

(5) 数字は原則として算用数字表記にした。

(6) 明らかに誤記と思われる箇所は修正した。

(7) 誤記ではないかと思われる箇所については、当該部分の上に（ママ）と付した。

●西南学院大学設立趣意書（1947年5月21日）

1．西南学院大学設立趣意書

民主、平和、文化国家としての新日本再建にキリスト教々育の負うべき使命のいかに大なるかは内外人士のひとしく痛感するところでありますが、わが西南学院がその創立者シー・ケー・ドージャー師の絶叫せられました“Be True to Christ”の四語を教育標語として西日本の一角、風光明びのこの地に学園を建設いたしましてよりすでに三十有余年、地の利を得、豊かなる天寵と聖徒の祈りとに支えられて今日に至りましたことを深く感謝いたしますとともに重責を辱めてまいった、わたくしどもの不肖無為を慙愧せざるを得ません。このたび新学制の施行をみるにあたり学院としては、きわめて特色あるキリスト教主義に立つ大学を設立し、その下に高等学校、中学校を併置して、新たな発足をなす念願であります。すなわち、いわゆる学問の切り売り場であるとか単なる知識人の育成機関であるとかに過ぎぬ教育施設の氾濫する今日、わたくしどもは、わが創立者の教育精神を基とし、内外の篤信、篤学の師を糾合して学徒の友たり指導たらしめて、牢固たる信念、高潔なる情操、卓越せる識見、豊かなる教養、熱烈なる真理の探究心、旺盛なる開拓意欲、高邁なる社会奉仕、平和愛好の精神等を学園にて培わしめ、ひとりわれらの祖国に寄与するにとどまらず、広く世界文化と人類の和平とに貢献すべき人士をあまた輩出せしめんことを祈念してやまぬものであります。

つきましては所期の目的達成のため皆様の御祈りぞえ、愛の労苦、浄財の喜捨等をたまわり御協力くださらば幸これ過ぐるものはありません。

昭和22年５月11日

西南学院大学設立準備委員

●『日本バプテスト』No.4（1948. 10. 1）

［講演録］

2．義は国を高うす

ギャロット院長

日本は私の第二の故郷

個人としては私の国籍はアメリカでありますが、もはや一生を日本で送る決心でありますし、これは私を御命じになった神様のみ心であると信じています。同じ神様の子どもとして私がアメリカで生まれたことは単なる偶然だとしか思いません。しかし一面には私がアメリカで生まれ、アメリカ人である事を誇り且名誉を汚さない義務を持つのであります。

私にとって日本は心から愛する第二の故郷であります。思い出せば、昭和９年から数年間国粋主義が高まって困りましたこともあります。

戦争になってからは、東京の警察の世話になりましたが、拘留生活は愉快な生活でありました。五ヶ月ほど入りましたが、一人の友人からあんな所に入ってどんな気持ちなんだと聞かれ、愉快でした、私は進んで入ったのですと言ったのです。私はあの時、国際情勢をしてどうか戦争にならずに済むようにと祈りながら、とりあえず家内と子どもを帰国させました。そして一人残りました。第二の故郷たるこの国に残ることは神の導きであると信じました。残るためには抑留所に入るのも神のみ心と信じ、神のみ心のある所は到る處（ところ）が天国であると信じたのであります。

私は戦争参加を拒みました

然し結局交換船で帰らねばならなかったのですが、第一の交換船でアメリカに帰ってみると、私の上陸は少し面倒でした。上陸者は一人一人個人的に調べられました。私は何時間かかかりました。質問の「戦争に対する態度」への私の答えは「私は戦争に参加出来ません」というのにあったからであります。敵を愛せよ、と言うのは私の信条であります。私は銃を執ることが出来ません。或いは人によって出来ても私は出来ません、と言ったのです。ようやく上陸出来ました。上陸後、特に非戦論を唱えたわけではありませんが、或時兵隊に説教するとき、敵を愛せよと説教しました、その兵隊は、あなたの教えはここの教えと少し違うようだと言いました。しかし私は主張しました。宇宙の神に従うものは人を憎むことは出来ない、一方の利を欲し、他方の不幸を望むことは神を信ずるものには出来ないのであります。中には美（うるわ）わしい信仰をもちながら戦争に参加した人も多いでしょう。人を審（さば）くことは私には出来ませんが、まだ恐らくその人たちの目は十分開かれていないのだと思います。萬物の創造主は一方を愛して一方を憎む方ではない。

箴言14章34節に「義は国を高ふし、罪は民を恥ずかしむ」というのがあります。およそ国の使命、民の目的とは何でしょうか。すべての国があらゆる点において形にはまったような見わけのつかぬものになるのではないかと思います。日本の教育の中にもかなりアメリカの影響が入って来る。もしアメリカの真似をすればよいと言うのであれば、大変なことになるでしょう。

日本は外国を真似るのでなく、日本のもっている個性を発揮することこそが神のみ心に叶うことです。決してアメリカ人であるからアメリカ式の教育をやる考えはないのであります。むしろ皆様から大いに教えていただくつもりであります。学生諸君の個性を曲げてはならぬ如く、国の個性も軽んじてはならぬものであります。

萬国共通のもの、それは正義だ

ところで又他方においては個性を貫いて世界に通ずるものがあります。それは正義という事であります。個人の正義、国家の正義、世界の正義、正義とは何であり、正義という概念はどこから生まれるのであるか。或る人は、それは習慣から起こると言います。又それは道徳の概念として人間以上の或る力であるとか、偶然に発生したものであるとか、或は便宜主義的に実際上の事物の成功調和の便宜のため道徳があるという説もあります。しかし宇宙創造者、正義の神を信ずれば、以上すべての相対的観念を捨てて、正義こそは神の聖意に出ずると信ずべきであります。神の絶対的本性より出ずる正義はむろん人類生活にとって便宜と利益を与えるものであります。けれども、便宜だから正義であるという筋合のものではありません。「義は国を高うする」という言葉を反対にしてはなりません。例えばドイツのヒットラーのように「国を高うするものは正義」と、日本でもアメリカでも、この考えをもつ人が有ります。正義は国の都合によって定められる。しかしこれは根本的に間違いであるのは言うまでもありません。

世界の国々はこの絶対の正義によって審かれます。戦争裁判は、私自身の気持ちでは決して面白いものではありません。戦勝者が戦敗者を審くことは、戦時中はやむを得ないとしても、又人間的には勝利者の罪は審かれぬかも知れぬが、人間以上の側では、それは必ず歴史の中で審かれるのであります。絶対者の審きは絶対者によって必ず実行される。

「義は国を高くす」

正直や忠義は一般社会的に見ても信用を得、人間的にも高くされるかも知れない。しかし正義は決して世俗的手段ではないのであります。正義であるということその事が、その国を偉大にし、高くするのであります。ある国が列国の中でも幅が利くかどうかは別問題であります。

（1948. 9. 1　於西日本講堂）

●『西南学院大学新聞』（1949. 5. 20）

3．新学長の言葉

W. M. ギャロット

大学というものは人並以下の能力と人並以上の向上心のある若者を入れて社会の指導者となるべき者を出す。

西南の人々の間では成功の基準は出世ではなく奉仕である。『汝らの中に大ならんと思う者は、汝らの役者となり、主たらんと思う者は、汝らの僕となるべし。』

ならぬ野心のために指導者たらんとすることは、争と破壊を生ずるが、己を忘れて世界人類及び神に対する奉仕のための奉仕に於て指導者たらんとすることは敬うべき志である。

指導力は大体七つの要素の幾つかからなる。即ち、経験、知識、理解、志、自発心、予慮、人と心の疎通。

この七つのものは、皆大学の中で充分考慮さるべきものである。

最初の三者は相互に密接なる関係がある。経験に依って知識が得られて、理解は経験や知識に基いて出来る。無論、書物等に依って百万人の経験から醸し出された知識も得られますが、頭脳の積極的な活動がなければ理解は得られない。

其の次の三者も三つ児(ママ)を言わねばならない。不撓不屈(ふとうふくつ)の志のある一人は、目当てのない百人より強い。志ある者は人の指令も事情の強制も待たないで率先して活動し、あるべきものを予め(あらかじめ)慮り(おもんぱかり)、計画を立てて、事を進める。

若しこれらのものの上に、当人と人との心が相通って反感なく人の意志を己の意志に合わせる力があらば、奉仕に用うべき指導力は甚大である。

西南の若者達に言う

理解を以て学べ

志を懐け(いだけ)

人を愛せよ

●矢野氏の筆記より採録（西南女学院 1962. 3）

4．院長就任の辞

輝かしい40年の伝統ある女学院の歴史を繙く(ひもとく)とき、献身的に女学院のため心血をそそぎ多くの難関を突破してきた数多くの諸先輩がある。その功績に対して私は感謝の意を表したい。

私がこのたび、図らずも光輝あるこの女学院の院長として職を奉ずることになった。その光栄を深く感ずるが、反面いささか不安の心も湧いてくる。しかし、私は、この40年の歴史ある女学院の伝統を受け継ぎ、これから永い将来の女学院の一礎石として役に立つことができれば非常な喜びである。

コリント人への第一の手紙３章６～９節の聖書に示されている様に、アポロの仕事とパウロの仕事はそれぞれ異なっているが、神の働き人として、その目的は同じである。

私と皆さんは神の同労者である。誰が先に立つか、又、上に立つかではなく、お互いに使命を託されており、その使命達成のため協力し合う同労者である。この信念のもとにお互いに進んで行きたい。

時代は変わり、人も変わる。しかし、変わらないところの中心がある。その中心はイエス・キリストであり、神の御心である。

扇には骨がある。この骨がバラバラであれば、その扇は用をなさない。だからその中心に要（かなめ）があってそれぞれの部分をとめている。学校は、学問、しつけ、生活指導、人格教育などがある。これには扇の骨のようにそれぞれの面に筋金が入り、骨が入っていなければならない。このすべての面が何で締まっているか。それは神の御心を体した信仰でなければならない。学生の一人ひとりも皆、神の造り給うたものである。神が個性を与えてくださり、道を備えてくださっておられるこの一人ひとりを、われわれは、教え、導く使命を託されている。

教育において知的な面、情操的な面、生活の各面、信仰の面を育てていくために神の御心は何であるかをわきまえ、造り主より与えられた一人ひとりの個性を伸び伸びと成長させ、一つの型にはまった人間を作るのではなく生きた人間をつくるのである。それが外側から強制されたものでなく、内から湧き出づる生きた生命力──神からの呼びかけに従順に応答することのできる者をつくることである。

女学院の要となるものは神の御心であり、教師全体の要も神の御旨である。神の御旨は何であるかと絶えず祈り、これを求めて行きたい。私は教え子が生きた神の呼びかけに応答することのできる者となることを切望する。

神の御心は何であるか。それはいろいろ多くのことがあると思うが、その中で中心的な二つのものは、正義と愛であると思う。この女学院が神の御旨に適う学校であるならば、どこをさわっても正義と愛がにじみ出るものであらねばならない。心の髄まで浸透するものでなければならない。学生が教師に接する場が教壇であろうと、道路であろうと、私宅であろうと、いずれの場所においても誠実と愛がにじみ出る教師でありたい。厳しさの中の愛──母のごとき愛、父の愛と、そのあらわれかたもいろいろあるが、徹底した愛と正義を実行する。たまには誤解されることもあろう。しかし、人格を尊重し合い、愛の心をもって許し合って、憎しみ合うことのない愛の実践者でありたい。

神の同労者である皆さん、女学院のための働きは、ただ、神のため──キリストのためであるとの信念のもとに手に手をとり、女学院発展のため働こう。

私は、私の身命を神に献げて、女学院のために働くことを誓う。

（『要』W. M. ギャロット 1972. 4. 18）

●『西南学院同窓会報』第22号（1966. 7. 20）

[西南学院創立50周年記念講演]

5．永遠の学院

一人のごとく団結して真理に生きよ

西南女学院院長　W. M. ギャロット

“遙けきかな　わが行く道、さわれ友よ、使命重し、立てよ、勇ましく、学院の若き子等よ、西南、西南、永遠の学院、西南、西南、永遠の学院…”

どういう意味で「永遠（とわ）の学院」であるか、どういう資格で「永遠の学院」というのか、どういう永遠性があるのか、という事をご一緒に考えてみたいのであります…中略…

35年前の今日、5月21日の15周年の創立記念日に、その当時、中等学部父兄会長の河村幹雄博士の挨拶がありました。先生は若くして九大の工学部長と学生監を歴任した篤学の教育家で、ご長男を西南に入れていました。河村先生が亡くなられた後に、その弟子達によって遺稿集が出版されたら、西南の15周年でのご挨拶がその中に入っていました。先生は私立学校の長所を語ってから曰く、「しかしながら、私立学校は全て、わが西南学院のごとくに、終始一貫せる教育を施しうると考えるならば、これ大いなる誤りであります。私立学校中のあるものは、創立当時に於ては特殊の教育的理想を抱き、これを実現せんとして、けなげなる努力のなされたるものも少なくないのですが、年月を経、教職員の漸次変質するに従い、いつか当初の教育的理想は忘却せられ、なんらの主義主張もなく世の流行に追従し、はなはだしきは、教育上、最も忌むべき障害たることをも顧みず、各級及び全校の生徒数を莫大に増加し、営利を目的とするかの観あるものすら生じているのであります。これらの私立学校はいずれも、この生命の中枢に確立せる原理を遂行せぬからの事であります。しかるに、わが西南は単なる宗教学校にあらずして、宗教的信仰を基礎として建てる私立学校でありますから、この信仰の力をもって種々の困難を排し創立以来、教育上重要なる条件の一つとして採用せる少定員制を動かさず、創立15年の今日に及んでいるのであります。」…しかし、河村博士の目から見ては、宗教を主義とする学校は、みな西南のようなものと見てはおりません。さらに曰く、「しかるにこれらのあるものは無信仰私立学校と変らず、大定員制度を採用し、生徒教育の徹底を期し得なかった結果、マルクスの後塵を拝するの続出を見、上級学校進学準備教育の場所と化し、あるものは学校教育以外の社会的行事に新奇をてらい、世間の俗趣味に媚びて、その存在の認められん事を勉め、ために、校内施設が享楽耽溺の場と化しつつあるをも意とせざるものある実状であります。今日この西南学院の校内に漂うごとき、秀れたる教育的雰囲気は、全国の万をもって数うる学校のいずれに於ても、見る事の出来ぬものであります。

“一人のごとく心を合わせて”

10名、15名の教職員、ことごとく一人の如く心を合わせて、院長・部長を助け、子弟教育に粉骨砕身せられ、師弟また一人の如くに団結して、師の導きに従い、師は弟を励まし、弟は師を慰め、師弟相率いて向上の一路をたどっておられます。」

河村博士の話をここまでとして、当時の西南のよさと今日の西南のよさと、どれほど相通じているかと考えたいのです。少定員主義は確かに大きく変化しました。確固たる信念は、今日も間違いなく通じていましょうか。教職員はどの程度この信念に基づいて、ことごとく一人の如く心を合わせて、子弟教育のために粉骨砕身しているでしょうか。子弟はまた一人の如くに団結して師の導きに従い、師弟相率いて、向上の一路をたどっておられますか。今そうでないとは申しません。ただ半世紀を経たこの創立記念日に、必ずお互いに反省しなければなりません。外観に対する満足に溺れないで、内容の充実に益々励もうではありませんか。ウィリアム・ストロング・フィーロウの最近の著書では、聖書でいう支配と権威を解説して、「どの組織も、どの事業体も、その支配権威に、ある悪魔的な性質、偶像としての一面をもっている。」と言っています。西南学院の伝統も、偶像となって支配を要求するのです。また、西南学院が一つの事業体として、ある意味での絶対性を持とうとしています。その存続と発展のために、関係者の絶対服従を要求するのです。この学院は、永遠の神の御名によって建てられ、御国の発展をその目的と標榜していますから、西南を存続させ、発展させる事は、即ち、永遠の唯一の神に仕える事に外ならぬという理屈がたちますが、実は事業体も西南を含めて、神扱いを要求する偶像的な面、悪魔的な面があって、人を真の神からひき離して死に導く要素がない事はありません。

今日、永遠なものに生きよ！

永遠の学院！　永遠の学院！　と歌いますが、西南は、学校として、事業体として、永遠のものではありません。我々は、西南の伝統を崇拝してはなりません。創立者 C. K. ドージャーを神扱いしてはなりません。西南が“永遠の学院”、永遠的な学院となるには50年前の歴史の繰返しにあるのではなく、今日永遠なものに生きるということによるのです。西南の子等よ、西南の息子、娘の偉大さは、過去をなつかしがることにあるのではありません。

「C. K. ドージャー先生はこう言いました。波多野培根先生からこう教わりました。河野貞幹先生はこういうふうに言われました。」と言って永遠性に与（あず）かるのではなく、今日自分の存在に於て、永遠に生きる一個人として、永遠的なものと取り組んで、永遠の神の御前に生きる事によるのです。永遠とは時間の無限の長さではありません。質的なものです。

永遠的なものから離れて、西南が千年も万年も存続しても、永遠の学院ではありませんが、その存在がどんなに短くても、永遠的なものに忠実であれば、名実ともに“永遠の学院”です。真理は永遠的です。永遠のものは、真理に生きるのです。真理を観念的に知るのではなく、身をもって真理を行い、真理に生きる事は永遠的です。愛は永遠的です。真の愛に生きるものは永遠にも生きています。唯一の神は、永遠です。真理の神であって、愛の神です。しかも、それとは別に、神は永遠です。この神によるものは、全て永遠です。この神と対立するものは、すべて死ぬべきもので、死をもたらすものです。西南は、神によれば永遠で命あるものです。自分で神扱いにされようとするならば、死をもたらすものです。永遠に生きるものは、互いに一つとなるのです。西南の教職員も学生、生徒も「一人の如くに団結して、相率いて向上の一路をたどって」いこうとするならば、まず、それぞれ永遠に生きるものとなればよい。意見や学説がいかに異なっても、誠に真理に生きるものが一つで、真理に不忠実なるものは分裂が生じ、愛に生きないものは、死と破滅をもたらす。西南に対する創立者の遺言は、“Tell Seinan to be True to Christ !”（“西南よ！キリストに忠実なれ！”）

昭和２年の２月13日に、C. K. ドージャー先生は、西南の事で困り果てて、日記にこういう言葉を書きました。「天の父よ、これが現在の情勢であります。もし西南にして、あなたの育成したもうものならずば、我らの目をすみやかに開いて、この学校を閉鎖せしめたまえ。もしあなたの育成したもうところならば、願わくばこれに水を注ぎたまえ。私どもは断じてあなたの喜び給わず、恵み給わざる事業に、生涯を捧げる事を欲しません。」とあります。創立者にとって、西南は決して絶対的なものでありませんでした。西南第一ではなく、神の御心第一でした。この心を真に受け継いでいる間、西南は“永遠の学院”と言えます。西南よ、今日、永遠の学院たれ！　真理に生きよ。愛に生きよ！　神の御心に生きよ。今日キリストに忠実なれ！　分裂に満ちた世の中へ死に到る道を、一途にたどっている世界へ、この永遠の命を携えて行け！　み神と共に、進め！　死も、悩みも怖れず、ただみわざを励み、ゆけや、ゆけ！

“遙けきかなわが行く道、さわれ友よ、使命重し！　立てよ！　勇ましく学院の若き子等よ！

西南　西南　永遠の学院

西南！　西南！　永遠の学院！”

●『広報 西南女学院』（1970. 11）

6．入学生を迎える心

入学を希望する人たちに西南のことを説明する季節になりました。

毎年入学生募集の季節、入学試験とその判定の季節、入学式と新入生オリエンテーションの季節は、わたしにとって祈りの季節です。

こういうような祈りを毎年繰り返しております。「神さま、あなたがお造りになった人たちの中から、今度西南でお世話させていただく者を選んでください。本当の世話のわたしたちにできるもの、西南の教育を必要としているものを選んでください。あなたの選ぶ者が志願するように導いてください。受験する者を全員入れるわけにはまいりませんから、あなたの選ぶ者が試験で実力を十分に発揮するように、そして判定会議で間違いのない判定がされるようにしてください。」

さらに祈ります。「入る者も落ちる者もあなたが造って、あなたが愛しているのですから、どうぞみんなの幸福を図ってください。落ちる者であれば、西南で受験したこと自体が一生の中で有意義なこと、幸福の種となるようにしてください。入る者であれば、西南としてひとりをも粗末にしないで、一人ひとりを大切にするように助けてください。かけがえのない各個人が、あなたから与えられた個性を、能力を、十分に伸ばし、本当の意味の幸福に生きて、世界人類のためのあなたの大きなご計画の中で、自分の役割を十分に果たす者となるようにしてください。」

こうした祈りに応えて与えられる入学生を高姿勢で迎えることができません。神に選ばれて、神から西南に送られた学生、生徒、園児のお世話をさせていただくことは光栄ある、恐れ多い、しかもやり甲斐に満ちた仕事です。

入る者もこの意識で学業を励み、学校生活を送るように期待しております。「あなたがたがわたしを選んだのではない。わたしがあなたがたを選んだのである。」とイエス・キリストが弟子たちに言った言葉をよく思い出すのです。

入りたい学校に入れたと、ただいい気持ちになり、伝統ある学校の銘を打たれるのにあぐらをかくのであってはなりません。

わたしを造った神、わたしを愛している神、同時に全世界のすべての人を同じく愛している神がわたしを選んで西南に入れたのはただごとではありません。

わたしの人生の意義、わたしの存在理由につながっています。だから在学期間を無駄に過ごしてはなりません。

人間ひとりひとりが何のために生きているかを自分で発見しなければなりません。わたし自身の気に入る学校生活だけでは間に合いません。先生たちの気に入る学校生活だけでは間に合いません。まさに神ご自身が望んでくださる勉強ぶり、生活態度、人間関係、真剣さと精力的な打ち込みかたでなければ間に合いません。

さて、この心とこの実践が院長に徹底し、教師に徹底し、学生生徒に徹底していると言えません。高い理想を掲げているだけに不行き届きを痛感します。

が、方向が間違っていないと確信しております。

この線で、力一杯、西南のすべての者として共に進もうではありませんか。

●『西南学院月報』第261号（1973. 6）

7．院長になって、皆様にひとこと

院長　W. M. ギャロット

西南学院に帰りまして、わたしは役職以外のことで奉仕させていただく希望でありました。それにもかかわらず、昨年は理事長、今年になっては院長という、負担の大きい仕事を仰せつかりました。一方では迷惑を感じましたが、西南のために神ご自身が人を選んでくださるようにと、どれほど祈ったかを思うと、理事会で院長に選任されたのはわたしであったということは、結局、神ご自身からの命令であるという気がしてなりません。「御名によりて受くればものみな良からざるなし」（讃美歌534）という気持ちで承諾いたしました。

５月２日の院長就任式でみなさまに申し上げましたように、わたしは院長の役割を「ぼろぞうきん」と「詰まらないくだ」と思っております。雑巾とはきれいな物でもなければ大事にされるものでもありませんが、どの家庭にもなければならないものです。院長に選ばれたあとで、理事のひとりから、「院長の役割のひとつは苦情処理です。どんな問題が起こっても院長はそれを避けることができません」というようなことを言われました。これはつまり院長の雑巾としての役割です。

「くだ」と申しますにはふたつの意味があります。そのひとつは、人と人との間のコミュニケーションの器具です。西南の規模が大きくなり、人数が多くなればなるほど対話が薄くなってまいります。教職員同士の対話、学生生徒同士の対話、学生生徒と教職員との対話が希薄になりがちで、西南の中の諸学校の間の対話も消え、学院全体がバラバラになる恐れがあります。院長のひとつの役割はやはり人と人の間の管となり、対話を発生させる「触媒」としての機能です。

院長室の戸を開けっ放しにしているのはこのためです。会議の時などは閉めますが、原則として開けっ放しにしております。本部の二階、階段上がって右側にすぐです。みなさまのおいでをお待ちしております。

「くだ」としてのもうひとつの意味は、神の愛と神の力が西南に流れ込む器具となる役割です。もちろんこれは院長だけの役割、院長の独占する役割ではなく、多くの人の果たすべき役割でもありますが、院長こそ、この役割を果たさなければ院長として失格であるとわたしは信じております。

院長は「詰まらないくだ」でなければなりません。くだが詰まると、くだとしての役割が果たせません。院長が地位を誇り、「我」を張るとすぐ詰まってしまって、くだとして役に立たなくなります。

どうぞ、院長としてのこれらの役割を果たすように、わたしのために祈っていてください。

なお、西南の中で「ぼろぞうきん」一枚と「詰まらないくだ」一本だけでは間に合いません。いかがですか。こんな役割のためにあなたも志願してくださいませんか。

●『西南学院大学広報』第25号(1973. 7. 2)

8. 明日のための人材
──院長就任に際して──

院長　W. M. ギャロット

新しい西南学院に新しい院長が就任いたしました。

このわたしは、昭和23年から27年まで西南の院長や学長を務めさせていただきましたが、今の西南はその当時の西南ではありません。歴史的な一貫性の中で変化が起こり、新しい西南になりました。これと同じように、48年のギャロットは、27年のギャロットと一貫したものをもちながら、変わってきております。良くなってきたつもりですが、とにかく変わってまいりました。だから、新しい西南に新しいギャロット院長が就任したと考えております。

変化は、今の時代の特徴です。科学、教育、コミュニケーションなどの発達によって、世の中の変化は累加的に加速度を高めております。わたしたちの先祖の時代の変化が牛歩の速度であったとすれば、今日の変化はジェット機の速度、宇宙ロケットの速度となり、明日の変化は更に速いものとなるはずであります。

こうでありますから、明日のための人材を養成しようと思えば、変化に対応できる人、しかも変化を健全な方向に導く判断力と能力をもつ人を養成しなければなりません。

北極星が変わらないで、東西の海を航海する者の位置のいかんにかかわらず道しるべとなると同じように、「きのうも、きょうも、いつまでも変わることがない」キリストが、変化の中でのわたしたちの道案内となってくださいます。

創造の神をわたしは信じております。その神に従うことは、いつも前向きであるということです。新しい事態の中で神はいつも新しい道を示そうとしておられます。その時その時の新しい事態に即応する道を開くことは無限の創造性を要します。が、事態の変化がどんなに急激であっても、神の創造力の限度を超えることはありません。

明日のための人材には、最新の学問と研究力と共に、永遠の神、創造の神につながる人格が必要であると、わたしは信じております。神のゆるがない正義と愛とをいつも身につけようとしながら、どんな未曾有の事態に出会っても、神による希望と素直さと強さと創造性とをもって対応できる人を養うことが西南の使命であると信じ、その日その日、神に導かれて院長の任に当たらせていただきたいと念願しております。(原文のまま)

●『西南学院大学広報』第27号（1974. 2. 6)

9．積極的な生き方

院長　W. M. ギャロット

エネルギー危機、インフレ、就職難などが話題となっている中で明けました1974年を、わたし自身は思いがけなくも病院で迎えました。自分の将来のための予定を立てることは、お互いに必ずしも容易でないということは、前からわかっておりますが、今年はそのことをなお一層痛感しております。

生活の諸条件が不安定であればあるほど、あらゆる変化に対応するために、その中で積極的に生きるために必要なだけの不動のものを、めいめいの内側に持つことの大切さを、あらためて考えさせられております。

数年前のことですが、わたしの家内がその母の入院先を訪ねたときの話があります。入院患者のふたりの話し合っているのを横から聞きましたら、ひとりは心配そうにこの問題、あの問題を挙げて、「どうしましょうか、どうしましょうか、どうしましょう」と繰り返していました。相手は平和な、明るい顔を上げて、「主に信頼して、善を行え」と、聖書のことば（詩篇37・３）で答えました。

考えますと、ここに積極的な人生、生き甲斐のある人生の二つの大切な要素が現れています。

第一は神に対する信頼。神の愛を信じ、我が身を無条件に神の手に委ねることです。ここに安心があり、あらゆる境遇に耐える力があります。

第二は善の行いです。活動範囲が広くても、狭くても、何か人のためになる行為が一人ひとりにできるのです。各自が善意をもってできるところから手をつけると、全ての問題に解決が一挙に与えられなくても、世の中が明るくなって快方に向かうのです。

問題が多ければ多いほど悪を行う誘惑が増えますが、同時に善を行う機会も多くなります。

この新しい年は、年中、「主に信頼して、善を行う」ことにいたしましょう。

●『西南学院大学広報』第28号（1974. 4. 16）

10. WELCOME TO SEINAN

W. Maxfield Garrott, Chancellor

It is a joy to welcome new students to Seinan Gakuin University.

Seinan exists for service. We want to serve you, and to meet your needs.

We want to help you to become servants. The world has too many people who want to become rulers, too few who want to serve.

In order to serve humanity well, it is important to have the ability to serve and the will to serve.

Each person has abilities given him by his Creator. Education is a very important means of developing these abilities and of making them effective. Seinan wants to help each student to develop his abilities as fully as possible. We want to provide top-quality education, education which is abreast of the latest developments in the academic field and which at the same time will stimulate creativity for further advance, flexibility to meet unforeseen developments, and strength of purpose to carry out what one undertakes.

But what will Seinan graduates undertake? This is a key question. If they seek only their own wealth or advancement, and use their abilities primarily for selfish ends, then Seinan's education has failed. Development of the student's abilities is not enough. Great abilities that are used for destructive ends are dangerous, and the more highly trained they are the more dangerous they become. Training of the heart is more important for the welfare of the world than training of the head.

So—welcome to Seinan. May your university days be deeply meaningful. May you develop your God-given powers to the maximum, and may you be given a heart of humble service that will lead you to use your abilities abundantly for the welfare of mankind.

●『西南学院大学広報』第29号（1974. 7. 4）

11. 学院創立58周年記念式典告辞

院長　W. M. ギャロット

先日、私は家族の者と太宰府をたずねました。天満宮に入ろうとする所の右側に、とても大きな楠が立っています。ところが、木の中は空洞でした。この木がいつまで残るかわかりません。そのうちに倒れるでしょう。外見はとても立派で、素晴らしい大木です。が、その芯がなくなっているから、そのうちに倒れるでしょう。

西南学院の芯は健在でしょうか。どうでしょうか。そういうことをご一緒に考えてみましょう。

私が院長を仰せつかっているのは二度目です。昭和23年から27年までの４年間と、昨年からです。院長は全学院に気を配らなければならないものであります。学院は別々の中学・高校・大学が偶然に一つの法人になっているものではなく、やはり一つの学院であり、一つの建学の精神に立っているものであります。今、学生生徒は9,830名。教職員は350名であります。院長として、それらの一人ひとりを知ることはできませんが、せめて、一部署が、あるいは一人ひとりがのけものにならないよう気を配らなければなりません。私は、この西南学院の芯が腐らないように気を配るのに努力すること、祈ること、それが院長の最も大切な仕事であると確信しているのであります。しかし、そのことで一番難しいところはどこであるかというと、それは大学です。大学は学院の中でも一番大きくなって、個人的な接触が一番難しい。「この世と妥協してはならない。むしろ、心を新たにすることによって、造りかえられ、何が神の御旨であるか、何が善であって、神に喜ばれ、かつ全きことであるかを、わきまえ知るべきである」（ローマ人への手紙第12章２節）という聖書の言葉もありますが、全学院の中で、大学が最もこの世の誘惑が大きいという気がします。

昔、C. K. ドージャー先生ひとりだけでなく、ドージャー先生を囲んで西南学院を建てようとする仲間は、全部、一つの信仰的な目標をもち、公立学校でできない教育を与えようとして西南学院を建てたのであります。いつも後向きで、昔のことを考えるということであってはいけません。その目指していたことを、私達が目指していくということが大切であります。

今年の新入生のための「学生生活」というガイドブックの中で、宗教部長の田中先生の文章に「建学の精神は出発点であると同時に目標である」という言葉がありました。これは出発点に背を向けて、他の物に向かって走るというものではありません。西南学院を創立した人達は、西南学院が神のみ心に沿う学園、生き生きと働く学園であることを心から願っていたのであります。何が神のみ心であるかは、もちろん彼らの理解に不完全なところがあったでしょうし、私達にも不完全なところがあって、明らかでないかもしれません。しかし、いつも謙虚な心で、神のみ心は何であるかをわきまえ、知ろうとする態度、そしてみ心を信ずる方向に向って骨を惜しまずに、命をも問題としないで全力を注ぎたいものであります。「兄弟たちよ、そういうわけで」この「そういうわけで」という言葉は、ローマ書の第１章から11

章のことです。人間が不完全であっても、それでも愛して償おうとしている神とイエス・キリストのことであります。「そういうわけで、神のあわれみによってあなたがたに勧める。あなたの体を、あなたの学問を、あなたの生きている生活を、あなたの全存在を、神に喜ばれる、生きた、聖なる供え物として捧げなさい。それがあなたがたのなすべき霊的な礼拝である。あなたがたは、この世と妥協してはならない」ということです。

私は大学の第一回の卒業式の時、私の話をどうしてもみんなに印象づけ、覚えてもらいたいということで、机の上に立ち上がって、私の言うことを卒業生が忘れることのないように努めたのであります。その場にいた人達は、今も私が机の上に立ったことは忘れていないようですが、何故、机の上に立ち、どういう意味で、何を話し教えようとしていたのかは、あまり覚えてないようです。しかし、たまに覚えている人に会います。

そのときの話は「神が、モーセに山で示されたかたにならって、すべてのものを作れ」という聖書の言葉がありますが、私は卒業生に向かって「高い所に登って方向を見定め、モーセが山に登って神にお会いして、神の教えていただいたことをイスラエルの人達に伝え、神を礼拝する幕屋を神から教えられたのである。それと同じように、一人一人が、自分で山に登り、高い所に立って神に尋ね、どういうふうに私の人生をつくればよいのか、どういうふうに私の学校をつくればよいのか、どういうふうに私の務めを果たせばよいのかを、神に教えていただく。そして山を下りてから、その見通しがよくない時でも、教えられたことを忘れず、方向を誤らないように」と話したのです。

世の中を基準とせず、神の御心を中心とする西南学院でありますように。西南学院の芯が腐らないように、後々まで新しい命を支え、新しい発展を支えるだけの芯が健在するためにも、西南学院の一人一人の芯が、周囲の人との接触の中で、しっかりしたものであってほしい。そして自分の力を尽くしながら神の御霊の働きが、あなたの同僚に、学生に、そして外部の人にも注がれていくように。

聖書の中で、使徒パウロは「土の器」ということばを使っています。その中に宝が入っている、と言っているのですが、これは、器が安物だから、つまらないというわけではありません。その中の宝、無限に大切な西南学院の宝が問題なのです。

今や西南学院は外面的に非常に立派になっている。世間的にも高く評価されている。しかし、私たちは、その大きな西南学院が、芯のない大木にならないように、お互いにその芯を育ててゆきたいのであります。

(1974. 5. 11)

参考文献
Bibliography

Books and Booklets:

Copeland, E. Luther. *Memoirs of an Old Geezer: From the Timber Woods and Back.* Parsons, WV: McClain Printing Co., 2001.

Culpepper, Robert H. *God's Calling: A Missionary Autobiography*. Nashville, TN: Broadman Press, 1981.

Garrott, W. Maxfield. *Japan Advances.* Nashville, TN: Convention Press, 1956.

Parker, F. Calvin. *The Southern Baptist Mission in Japan, 1889-1989,* Lanham, MD: University Press of America, Inc., 1991.

Pye, Mrs. W. D., ed. *Hands Across the Sea—Biographical sketches of missionaries who have gone out from Arkansas to witness for Christ in countries other than the United States of America, and who are now on the field.* Little Rock, AR: Baptist Woman's Missionary Union of Arkansas, 1935, 63-79.

Whaley, Lois. *Edwin Dozier of Japan: Man of the Way.* Birmingham, AL: Woman's Missionary Union, 1983.

W. M. ギャロット『要（かなめ）』西南女学院、1972.

『日本バプテスト連盟50年史』日本バプテスト連盟、1997.

『西南学院70年史』西南学院、1986.

『西南学院100年史』西南学院、2019.

Periodicals and Journals:

The Commission. Richmond, VA: Foreign Mission Board.

Editorial, "New Frontiers," April 1946, 14.（Endo Akiko letter）.

Garrott, W. Maxfield. "··· but Faith in God." March 1944, 8-9.

____________. "The Land of the Rising Sun—or Setting Sun?" 1941.

____________. "Opportunities for Life Building in Japan." January 1940, 6-8.

____________. "Our Part in Japan's Future." October 1943, 4-5.

Home and Foreign Fields. Richmond, VA: Foreign Mission Board.

"New Missionaries Maxfield Garrott." December 1934, 20.

Review and Expositor. Louisville, KY: Southern Baptist Theological Seminary.

Garrott, W. Maxfield. "How Jesus Trained Leaders." 38.4 (October1941), 401-409.

The Window of Y. W. A. Birmingham, AL: Women's Missionary Union.

Garrott, Dorothy C. "Righting Situations by Love," March 1942, 1-2.

____________. "Profitably Interned," November 1942, 5-6.

____________. "God's Ravens in Japan," January 1943, 7-8.

『キリスト教学校教育』(*Christian School Education Journal*)

坂本重武「ギャロット先生をしのんで」177 (1974.7)、3.

『日本バプテスト』(*Japan Baptist*) W. M. ギャロット「義は国を高うす」4 (1948.10)、2.

『西南学院史紀要』(*The Bulletin on the History of Seinan Gakuin*)

片山寛「戦争と西南学院とギャロット先生」5 (2010.5)、39-51.

河野信子「戦後1952年までに来校された宣教師たち」3 (2009.5)、13-21.

古澤嘉生「西南学院と戦争――アメリカ南部バプテスト・ミッション側からの視点を巡って――」6 (2011.5)、37-48.

『西南学院月報』(*Seinan Gakuin Monthly Bulletin*)

W. M. ギャロット「院長になって、皆様にひとこと」261 (1973.6)、1.

『西南学院大学広報』(*Seinan Gakuin University Bulletin*)

W. M. ギャロット「創立記念式典告辞」29 (1974.7)、2.

桐明正「こんにちは先輩:生きている限り努力を――心に響いたギャロット先生の言葉――」82 (1987.11)、7.

副島勲「こんにちは先輩:自らの殻を出て自己形成を――チャペルは宝の山――」92 (1990.4)、7.

『西南学院同窓会報』(*Seinan Gakuin Alumni Bulletin*)

W. M. ギャロット「50周年記念講演」22 (1966.7)、1.

『西南女学院月報』(*Seinan Jo Gakuin Monthly Bulletin*)

W. M. ギャロット「素晴らしい信頼関係」(1972.2).

『広報 西南女学院』(*Seinan Jo Gakuin Bulletin*)

杉本勝次「式辞」14 (1974.10).

『宗教研究』(*Journal of Religious Studies*)

葛西賢太「Oxford Group Movement の活動と影響」(第十六部会、〈特集〉第六十八回学術大会紀要) 83 (4) (2010)、1596-1597.

Archive Sources, Papers, Recordings:

Densho Digital Repository

Bulletins from Rohwer Federated Christian Church, https://ddr.densho.org/search/fulltext=Rohwer+ Federated+Church

The King Center Archive, Atlanta, GA.

Letter from W. Maxfield Garrott, October 16, 1964.

Southern Baptist Historical Library and Archives, Nashville, TN.

Garrott, Dorothy. Oral history interview on tape.

Foreign Mission Board Correspondence: W. Maxfield Garrott newsletters and papers.

Letter to friends, September 17, 1934.

Christmas newsletter, December 5, 1934.

Letter to friends, September 10, 1935.

Letter to Charles Maddry, July 17, 1937.

Letter to friends, December 8, 1937.

Letter to Charles Maddry, December 1, 1940.

Letter to Foreign Mission Board, February 23, 1941.

Letter to Charles Maddry, March 2, 1941.

Letter to Foreign Mission Board, April 2, 1941.

Letter to M. Theron. Rankin, September 12, 1943.

Letter to friends, December 1948.

Letter to Drs. Carver, Goerner, and Rankin, January 8, 1952.

Christmas newsletter, December 1957.

Letter to friends, December 1963.

Letter to friends, February 1964.

Letter to Baker J. Cauthen, November 8, 1970.

Carver, Dorothy C., Letter to Charles Maddry, November 3, 1938.

西南学院史資料センター（Seinan Gakuin Archives）:

W. M. ギャロット資料

Endo, Akiko "Report on the Garrotts' Arrival in Japan." November 12, 1947.

Garrott, William Maxfield.

Handwritten memo about prayer for Japanese. n. d. (1943).

"Southern Baptists and Japanese Americans," n. d. (1943).

"At the Relocation Centers," January 5 and 12, 1944.

"One minute spot announcement" for radio about pineapple cannery, July 19, 1947.

"Life Worth Living," Radio Program No. 20 about internment experiences in Tokyo, July 28, 1947.

"Points for Consideration in Relations with the Students," typewritten notes prepared for dealing with student demonstrations, n. d. (1951).

Typewritten notes about Ridgecrest, 1952.

"Academic Education," typewritten paper prepared for Baptist World Alliance meeting in Miami Beach, Florida, June 30-July 3, 1965.

Letter to Dr. Satterwhite, December 6, 1967.

Letter about praying for the two Seinans, July 3, 1969.

Letter to Dorothy and family, June 19, 1974.

「『いのりの同志』の皆様へ」、1969. 5

Interviews, Email, Speeches

Garrott, Jackson M. Oral interview. Omura, January 31, 2019.

____________. Manuscript prepared for Seinan Gakuin Fukuoka Alumni Meeting, June 2015.

____________. Recording of speech for Seinan Gakuin Fukuoka Alumni Meeting, June 2015.

Hooker, Alice Garrott, Memories written in email January 30, 2019.

松村秀一「ギャロット西南学院葬追悼辞――戦える天使――」（ランキン・チャペル、1974.7.7）.

著者・訳者プロフィール

■著者

Karen J. Schaffner（カレン J. シャフナー）

1952年６月、米国テキサス州ヘンリエッタに生まれる。1974年、オクラホマ・バプテスト大学（B. A.）。1980年、ミドルベリー大学大学院修士課程（ドイツ語・ドイツ文学）(M. A.)。1982年、サウスウエスタン・バプテスト神学校修士課程（M. Div.）。1984年、米国南部バプテスト宣教団派遣宣教師として来日。

1987年、西南学院大学文学部国際文化学科講師（ドイツ語、社会文化論）、2007年、国際文化学部教授。在職中にハンドベルクワイアを創設・指導。2014年－2018年、同大学学長。2018年、西南学院大学名誉教授。

編著 *Eugenics in Japan*（九州大学出版会、2014年)。分担執筆『生命の倫理－その規範を動かすもの－』（同、2004年)、『生命の倫理２－優生学の時代を超えて－』（同、2008年)、『生命の倫理３－優生政策の系譜－』(同、2013年)。

■訳者

原田宏美（はらだ・ひろみ）

1940年、福岡市に生まれる。父の吉原勝が西南学院高等学校教諭だったこともあり、ギャロット一家とは幼い頃から家族ぐるみの親交があった。1962年、西南学院大学文学部英文学科卒業。夫の原田三喜雄西南学院大学経済学部教授の２回の国外研究（米国）に同伴し、プリンストン大学図書館東洋文庫に勤務。さらにハーバード大学国際問題研究所では日米関係の研究活動に協力した。帰国後、外国人留学生・生徒、在留外国人労働者などの日本語教育にあたった。

シャフナー氏とは、野方キリスト教会（福岡市）で出会い、親交を重ねてきた。現在、福岡県弁護士会国際委員会の法務通訳人。『ケネディ家の人びと』(草思社、1990年)、『20世紀の歴史14 下巻』(平凡社、1990年）の翻訳協力者として関わった。

編集後記

『ウィリアム・マックスフィールド・ギャロット伝』発刊のいきさつなど

西南学院史資料センター運営委員会委員
金丸英子

西南学院は先に『西南学院百年史』を刊行しました。百年史編纂委員会はその編纂過程で継続すべき複数のテーマを見出したため、委員会解散に先立ってそれらを洗い出し、新設の学院史資料センターへ申し送りました。本書はその中から生まれた最初のプロジェクトです。W. M. ギャロットは1934年に南部バプテスト宣教師として来日し、戦前の西南学院を知っていたばかりか、軍靴の音が近づく日本を身を以て体験しました。戦後は新制大学としての西南学院大学設立に尽力し、初代学長、院長を歴任。宣教師としては、敗戦の荒廃の中、精力的にキリスト教の伝道と教会の復興に奔走しました。本書はその両方の横顔を描いています。

ギャロット伝の執筆は、第10代学長 K. J. シャフナー先生が個人的なプロジェクトとして心に温めておられましたが、ご退任を機に再開されたと耳にして以来、その完成を待っていました。本書のために、シャフナー先生は広範囲からの資料収集と原稿執筆に力を注がれ、翻訳にはギャロット一家と個人的に交わりのあった本学英文科卒業生の原田宏美氏の労を賜りました。学院史資料センター運営委員会は発刊のためにプロジェクトチームを設け、同センター職員の高松千博氏の熟練の采配により、小林洋一大学名誉教授、劉雯竹学院宗教主事、筆者がチームとなって、時節柄 Zoom による監修会議を経てここに至りました。本書にはギャロット先生の子どもたちの原稿も入っていますが、長女エリサベスさん、長男ビル氏の記事が掲載できなかったのは残念です。長崎県大村市在住の次男ジャック氏には、ご本人の原稿執筆をはじめ、ごきょうだいへの執筆依頼、貴重な写真の提供など様々な面でご協力を賜りました。ここに感謝を申し上げます。

私立学校の魂は「建学の精神」にあります。西南学院の建学の精神を生きたものとして残す手立てのひとつに、奉職した宣教師の事績を文字にすることが考えられます。今回はその一端を担ったつもりでおります。神の御心を行うために異国の土を踏み、西南を愛するためにその生涯をかけた人がここにあったこと。私たちはこの事実に目を注ぎたいと思います。

なお、このプロジェクトは学院はもとより、学院史資料センター事務局ならびに同センター宣教師文書研究委員会の協力抜きには実現できなかったことを記します。末尾になりますが、ここで関係諸氏に謝意を表します。

【宣教師文書研究委員会】
委員長　金丸英子（大学神学部教授）
委　員　小林洋一（大学名誉教授）
委　員　坂東資朗（中学校教諭）
委　員　劉　雯竹（学院宗教主事）

For Publication

Imai Naoki, Seinan Gakuin Chancellor, Seinan Gakuin Archives Director

It has been 105 years since the seeds of Seinan Gakuin were sown in Fukuoka by missionaries from the United States and at this time I am very pleased to publish *The Biography of William Maxfield Garrott: "To do the will of Him who sent me."*

W. M. Garrott (1910-1974) first came to Japan as a missionary in 1934. After the war he was instrumental in establishing Seinan Gakuin University, became its first president, and later also served twice as the chancellor of Seinan Gakuin. The time during which he worked was one when Japan faced many difficulties in the education world as well. Even though he had hoped to stay in Japan during the war, Garrott was repatriated to his home country following a time of internment. Those hardships, as well as serving as president in the social turmoil of postwar Japan, are hard to imagine.

A feature of this book can be seen in the narratives of the authors who bring Garrott's personality to life for us. The central biographical part (in English) was written by K. J. Schaffner, who was the 10th president of Seinan Gakuin University. It is her existential involvement in his life that gives the impression that she knew Garrott, even though she had never met him. One reason for that is that she was involved in missionary work in Japan as Garrott was. Another reason is that Ms. Schaffner, in the throes of the heavy responsibility as president, found in the words of Garrott, who served as the first president, a mentor in the faith and a good adviser. In addition, I think that the writing style that describes Garrott as "Max" from beginning to end help Japanese speakers feel an intimacy that otherwise cannot be expressed.

Ms. Schaffner understands the essential meaning of Garrott's life with the subtitle of this book, "To do the will of Him who sent me." At the beginning of each chapter, scriptures that interpret Garrott's life at that time are cited, and Garrott's life is understood through the eyes of the believer, not merely as an objective fact.

The Japanese translation of the biography is by Harada Hiromi. Ms. Harada had a close relationship with the Garrott family from an early age. The natural translation likely comes from her long-standing acquaintance with the Garrotts. In addition, the memories of Dr. Garrott's children show us a side of him that only his family can know.

Garrott's own words in Japanese from various occasions, which are included as materials, together with the texts of these authors, convey to us his personality. The reason for his fluency in Japanese was due not only to his original linguistic talent, but also to his understanding that in order to speak clearly in a language it is essential to get deep into the life and thoughts of one's audience. That made him passionate about learning Japanese. It seems to be what he always kept in mind for his own personal discipline and is manifested in his way of life.

(Professor, Faculty of Intercultural Studies)

Preface

When I arrived in Japan as a missionary in 1984, I often heard Max Garrott's name as one who had excelled in language study. Japan Baptist Women's Union's first Director, Matsumura Akiko, whom I sometimes met before my Japanese class in Tokyo, held him up as a model and encouraged me to work hard to learn Japanese. She had been like an adopted daughter in the Garrott family and worked with Max on a common language translation of the New Testament (details to follow).

With the approach of Seinan Gakuin's 100th anniversary and plans for publishing a hundred-year history, I was asked to write about missionaries. I picked up a box of Max's papers which had come to Seinan's archive from daughter Alice, by way of Rev. Saitoh Goki. As I looked through the yellowed papers, Max Garrott became more than just a name. I began to get glimpses of the man, his family, his work, and his faith. Seinan Gakuin alumnus, Kimura Kyoya, who was a student when I arrived in Fukuoka, had done some research on Max for a presentation for the Tokyo alumni meeting. He strongly encouraged me to write about Max. And so was my intention. I went to Nashville, Tennessee to the Southern Baptist Historical Archives to find letters and newsletters. Harada Hiromi, the wife of emeritus professor Harada Mikio (economics), heard of my plans and expressed her desire to translate what I wrote in English. (Mrs. Harada had a close relationship with the Garrott family from early on.) However, writing plans were shelved when I was elected president.

Not at all prepared to serve as Seinan Gakuin University's tenth president, I found myself once again looking to Max, the first president, as a mentor. I was impressed by his deep love for the people of Japan and for Seinan Gakuin and Seinan Jo Gakuin. He carried on the founding spirit of C. K. Dozier and others who had preceded him. Now that my term has ended, I would like to share some of the things I have come to know about who Max Garrott was and how God used him in Japan.

Perhaps another reason I feel a bond with Max is that he passed from this world on my 22nd birthday, June 25 (US time), 1974. I had just graduated from Oklahoma Baptist University and was in orientation to go as a short-term missionary to Ghana, West Africa. I pray that his life will be an encouragement and a challenge to you.

Finally, I would like to express my thanks to the Seinan Gakuin Archives staff and editorial committee without whose support and help this book would not have been possible.

Karen J. Schaffner

The Biography of William Maxfield Garrott

"To do the will of Him who sent me"

Explanatory Notes

(1) Scripture quotations marked NIV are taken from *The Holy Bible*, NEW INTERNATIONAL VERSION®, Copyright© 1973, 1978, 1984, 2011 by Biblica, Inc.® Used by permission. All rights reserved worldwide.

(2) Scripture quotations marked TLB are taken from *The Living Bible*. Copyright© 1971 by Tyndale House Foundation. Used by permission. All rights reserved worldwide.

(3) Scripture quotations marked Phillips are taken from the *The New Testament in Modern English* by J. B. Phillips. Copyright© 1960, 1972 J. B. Phillips. Administered by The Archbishops' Council of the Church of England. Used by permission. All rights reserved worldwide.

(4) Citations from sources originally in English appear as written. Citations from sources originally in Japanese have been translated. Sources from the Southern Baptist Historical Library and Archives in Nashville, Tennessee are designated SBHLA; sources from the Seinan Gakuin Archives are designated SGA.

(5) The order of Japanese names is written with surname first.

 1. Childhood and Youth Years 

"And Jesus grew in wisdom and stature, and in favor with God and man."

(Luke 2:52 NIV)

William Maxfield Garrott was born in Batesville, Arkansas on June 20, 1910, the second child and first son of Ernest Perry Jackson and Eula Maxfield Garrott. His father was the pastor of the First Baptist Church there. Max, as he was often called, joined a two-year older sister, Mary Catherine.

Max's education began as homeschooling with his sister under the tutelage of his mother because a fire had destroyed the elementary school. His mother knew Latin, Greek, and French and gave him a significant part of his education. The Garrott family was a musical family, and Max developed vocal and instrumental skills. He also developed a strong curiosity and a love of learning that would continue throughout his life. Listening to his sister's lessons and trying to keep up with her, put him ahead of other children his age. When he started public school at age 7 at Heber Springs, his placement test scores put him three years ahead.

But this time was not just one in which he grew physically and mentally. The messages preached by his father and the Christian example of his parents resonated in his young heart. Being a pastor's son, he was in church regularly and giving thanks to God for his goodness and provision before every meal was customary. He recalled in his testimony at appointment (*Home and Foreign Fields*, 1934.12):

> *My religious experience began, to the best of my recollection, when I was seven or eight years old with the sense of the goodness of God and my own unworthiness. Developments in the following months ... led to my confession of Jesus Christ as Savior in the Heber Springs Church in July 1919.*

As a child, he heard and read missionary stories, and at an early age, he was determined that he should become a foreign missionary. He described his call as a gradual realization, an abiding conviction, a recurring thought.

When his father's pastorate took them to Conway, Arkansas, Max continued school there and, due to being able to skip grades, graduated from high school in 1925 at age 14. An injury as a child made it difficult to participate in sports, but he played flute and piccolo in the band and sang in the chorus. New friends and new activities began to turn his thoughts away from any special religious service.

College education began at Hendrix College, also in Conway, where he majored in Greek and Latin with a minor in English, earning the Bachelor of Arts degree in 1929. Extra-curricular activities were mostly related to music—glee club, band, and orchestra. During his college study in July 1927, he once again returned to his childhood commitment: "I rededicated my life to the work of the ministry in the full confidence that such was God's specific will for my life" (*Home and Foreign Fields* 1934.12).

Upon graduation, Max went to Louisville, Kentucky to enroll in the Southern Baptist Theological Seminary (*Home and Foreign Fields* 1934.12).

> *At that time the assumption was that other things being equal, my work would be in this country as a pastor. As time passed, especially after the beginning of seminary work, the assumption gradually changed and the increasing conviction arose that my place was in missionary work, probably on some foreign field.*

In the summer of 1932, he spent three months working in Cuba, supplying for the missionary pastor of the English-speaking church in Havana. He received his Th.M. degree in January 1932 and began Ph.D. studies, majoring in Greek New Testament. In his doctoral thesis, he explored the meaning of "in Christ" and related phrases. While still a student, he taught Hebrew as a fellow from September 1931 until his graduation at age 23 in May 1934. One formative influence on his life was his study of Philosophy of Christianity under Dr. William Owen Carver[1]. He spoke about Dr. Carver in his appointment testimony (*Home and Foreign Fields* 1934.12):

> *It was Dr. W. O. Carver who first turned my attention definitely to Japan when he spoke to me of the need of re-enforcements for the Southern Baptist work there. I go with the conviction that Japan offers one of the greatest opportunities of the present time for Christian witnessing which will count in the world.*

Among his classmates at seminary were Edwin B. Dozier[2] and Hermon Ray[3], both of whom had been born in Japan and were planning to go back to Japan as missionaries. Edwin and his new wife Mary Ellen arrived in Japan in November of 1932. Hermon and his wife Rayberta arrived in Japan just a month before Max.

Max, too, would have liked to have had a companion to accompany him to Japan. He had been in the Carver home on several occasions and was quite taken with his professor's youngest daughter, Alice. He proposed more than once but was turned down each time. Convinced that it was God's will for him to go to Japan, Max set out as a young single man.

---

1) William Owen Carver (1868-1954), professor of comparative religion and missions at Southern Baptist Seminary, Louisville, KY from 1896 to 1943. Among his students was Seinan Gakuin's founder C. K. Dozier (1879-1933).

2) Edwin Burke Dozier (1908-1969), born in Japan to missionary parents, C. K. and Maude Dozier. He arrived as a missionary before Max and served as professor and chancellor of Seinan Gakuin.

3) Hermon Ray (1907-2001), son of Baptist missionaries who came to Japan in 1904. He studied with Max at seminary and served as a missionary in Tokyo 1934-37.

2. Travel to Japan and Japanese Language Study

"Whatever your hand finds to do, do it with all your might."

Ecclesiastes 9:10a NIV

In August 1934, Max departed for Japan and arrived Sunday, September 9, 1934, in Yokohama on the *President Pierce*. He then traveled from Yokohama to Fukuoka. That first trip was Max's introduction to Japan and opened his eyes to the beauty of the country and to the needs of the people as well as giving him the motivation for language study. A week after his arrival, he wrote a letter (1934.9.17) to his friends about his impressions.

I am just a week-old baby in Japan, not able to talk or to understand what I hear, just gazing about me with wide eyes, fascinated with this new world into which I have come. ...

No part of Japan, it is said, is out of sight of the mountains. I think that I can always love a land that is full of mountains, clear streams, and wind-blown pines. ...

In the cities and towns we saw many times the broad roofs of Buddhist temples, and scattered everywhere, in town and country, the torii *which mark the entrance to Shinto shrines. Certainly Paul could say to the Japanese what he said to the Athenians, "I perceive that ye are very religious."*

In Kyoto as I was leaving a famous temple a pilgrim came up the hill and took a position before the temple building, ragged and dusty from the many days of his pilgrimage. He clasped his hands and lifted an expressionless face toward the temple as he began the rapid, half-muttered, half-chanted prayer. Perhaps he understood the words that had been taught him; perhaps they were of an ancient language that only scholars among the priests could understand, but certainly here was one who felt his need of a Power higher than man. (SBHLA)

During his time in Fukuoka, Max had several opportunities to share why he had come to Japan and how he had known God's leadership in his life. He spoke to middle scloolers and college students in chapel, Bible class members, and children. For the children, he played the hymn "Jesus, Savior Pilot Me" on his flute and talked to them about the need for a pilot for their lives. For each message, he had to have an interpreter. His letter (1934.9.17) to his friends told about his frustrations.

But an interpreter is always an "interrupter," who not only breaks into the speaker's train of thought in a disastrous way, but also smashes his grip on the audience and hinders the mutual understanding. The most effective missionary will be one who can speak to the people clearly in their own language, and enter deeply into their life and thought. For that reason I plan to spend my first year in Tokyo in a language school without getting deeply into the mission work until I have gotten well started in my study of the language. (SBHLA)

After his short stay in Fukuoka, Max went to Tokyo to begin his study of the Japanese language. He tackled it as he had all of his previous intellectual endeavors. A Christmas letter (1934.12.5) written to friends reveals the zeal and the passion that he gave to his task.

The baby is learning to talk! It will be three months next Sunday since I was born into Japan, and already I have as large a vocabulary as any three-month-old you ever met. I have three hours in school every morning, and every available hour in the rest of the day goes into language study as well. You know that I can forget to eat or sleep for the fun of studying a new language, so you understand what a great time I am having. …

And I can bury myself in language study with a clear conscience, because I know that a good beginning now will be of incalculable value to me all through my life in

Japan. For me right now it is the one most important thing.

That is, it comes next after the need of keeping my own life afire through unceasing contact with Christ. Such a fire is certain to kindle others. Yet it is easy to be satisfied with a coal instead of a blaze, and to center on the intellectual efforts. They are necessary, but this comes first. (SBHLA)

For Max, being single had its own advantages and opened the door to encounters that might have been difficult for a married man. In March 1936 when veteran missionary Dr. W. H. Clarke retired after 40 years of service and returned to America, Max decided to leave the mission house and go to live with Mr. and Mrs. Koga Takeo[4)], a banker who was a deacon in the Kago Machi Baptist Church. In his 9 x 9-foot tatami room, Max found greater opportunities to visit with Japanese and to be immersed in the Japanese language and culture, including learning to play the *shakuhachi* (bamboo flute).

Encounters with other believers during this time of study made a profound impression on Max and helped kindle a blaze of faith in his life. Max had the opportunity to hear Kagawa Toyohiko speak on several occasions and was impressed by his "breadth of knowledge and depth of understanding." Kagawa spoke about philosophy, science, religion, and everyday life without notes, from his heart. He wrote to his friends about his impressions (1934.12.5):

In a private conversation I heard the question asked him, "What does Christ mean to you?" Without hesitation, he answered, "He is redeemer. He saved me, the son of a geisha. If he saved me, he can save anyone."

So, I say, Kagawa shows us that the mind brings great fruit for Christ, and must be used, but the spirit comes first. (SBHLA)

---

4) Koga Takeo (1902-1992), a native of Fukuoka, did undergraduate and graduate study in law at the Tokyo Imperial University, worked at the Japan Savings Bank, and became an instructor at Kanto Gakuin and, after World War II became a professor at Seinan Gakuin University. He served 13 years as president of Seinan Gakuin University.

Max also heard Kagawa's warning that Christianity in Japan would face a difficult time in the coming years. Kagawa saw materialism and nationalism becoming idols for many people and predicted a destructive influence.

Another encounter helped Max reaffirm his commitment to working in Japan. An American visitor who had seen the influence of the Shantung revival in China compared what he had seen in China with Japan, urging Max and others to go to China where they would certainly have more results for their efforts. He wrote to his friends (1934.12.5):

> *These words stirred me as I am not easily stirred. I love Japan! I believe in Japan! She has shown herself an able people, a great nation. The nation of poetry and of beauty, the land of the cherry blossom and the twisted pine, can be grasped by the beauty of the Christlike life. The land of courtesy can be the land of Christian love. The people who are netting the whole world with the threads of their commerce can spread the Good News as far. … Great Christians have come from Japan; there will be others.*
>
> *Japan is charming. Christ wants that charm. Japan has ability. Christ wants that ability. Japan has amazing loyalty. Christ wants that loyalty! Japan has men lovable and great. Christ wants these men! It may be that one life, even a little, can help Him to win them!* (SBHLA)

A third encounter with an American businessman, who was a member of the Oxford Group movement[5], was also used of God to draw Max closer to Himself and to fix his focus on Jesus. After hearing the man speak, Max met with him privately and had what he called "an adventure in honesty." He wrote to friends about that life-changing time (1935.9.10):

---

5) Oxford Group Movement was a Protestant moral reform movement begun by American Lutheran pastor Frank Buchman among British university students in 1921. This ecumenical group emphasized four practices: sharing sins and temptation with other believers, surrender of one's self to God's direction, restitution to those who have been wronged directly or indirectly, and listening for God's guidance in what was called a "quiet time." Honesty, purity, unselfishness, and love were the four absolutes each participant strove to achieve in their lives.

Since the third day of June I have been living a new spiritual life, different in kind and quality from any I have ever known before, distinguished by depth, reality, and power. …

How am I different? Perhaps most fundamentally in that certain dark spots, formerly hidden, have been brought to the light and cleaned up, "uncontrollable" thoughts, actions, and attitudes have been brought thoroughly under control. There has been unquestionable victory over specific sins in the fields of selfishness, dishonesty, and impurity. The center of my life and thought has definitely moved to spiritual things. There has come a strikingly different tone in my preaching and other religious work. …

I surrendered these sins one by one, by name, to God. I made a solemn covenant that I would go as far in surrender as I could, every step, that I would set right as possible every wrong I had done, and that I would follow every least intimation of His leading. (SBHLA)

During Max's stay in Tokyo, there was another encounter of note—a renewed acquaintance. The middle daughter of his seminary professor arrived on September 21, 1935. He was there with Hermon Ray and Pastor Yuya Kiyoki to meet Dorothy Shepard Carver in Yokohama. She would play a greater role in his life after finishing her language study in Tokyo and moving to Kokura to teach at Seinan Jo Gakuin.

3. Move to Fukuoka

"Rejoice always, pray continually, give thanks in all circumstances; for this is God's will for you in Christ Jesus."

(I Thessalonians 5:16-18 NIV)

In September 1936, Max moved to Fukuoka and began teaching at the theological school and a little in the college while he continued his study of the Japanese language. For the first semester, he had two Greek classes with three students in one and two in the other. As he had in Tokyo, from April of the next year he began living in a Japanese home.

In addition to language study and teaching, Max was "picked up by the heels and dropped ... headfirst into the work of our West Japan Baptist Convention[6]." One evening before going to sleep, he found that he had seventeen positions on committees and boards in the church, the mission, and the convention. That was in addition to his teaching two levels of Greek and New Testament interpretation in the theological school, English in the college, and Bible in the middle school. He reported his activities in a letter to his friends (1937.12.8):

So I have been asking God to teach me the adventure to be found in committee meetings, the thrills of schedules and budgets and deficits.... And He has been teaching me. I admit that I have been a stubborn pupil, but He has been patient in telling me over and over again that nothing that is in His plan need be commonplace or dull. If a thing is not in His Plan for me, I ought not to be doing it at all; if it is in His plan, it is alive with meaning and is a spiritual service to the core.

6) The Japanese term *kumiai* can be translated as "association". However, the organization actually functioned a "convention" at that time. Missionary reports by the older Southern Baptist missionaries in Japan used the term "convention" for the kumiai.

... Please don't get the idea that my work is nothing but committee meetings! The best of it has been in the individual contacts, seeing the power of God transforming men, some suddenly, some gradually, and in finding that same power touching my own life to bring me in some little measure closer to the man He has in mind for me to be. (SBHLA)

Max tried to keep his focus on the reason he had come to Japan and though he found attending meetings "irksome," he wrote Dr. Charles Maddry[7] that they afforded him "an excellent opportunity for keeping my mouth shut and my ears open and learning the work and workers with the hope of becoming useful in the future" (1937.7.17 letter, SBHLA).

Max's administrative duties were not limited to his first term. He would later serve as trustee of both Seinan Gakuin and Seinan Jo Gakuin, the convention, and the mission. He would be president of the university, chancellor, and chair of the board. Although he felt he had "neither the years nor the experience nor the standing" to qualify him for the positions he held, he realized that he was filling a need.

But as time went by, Max didn't always keep his mouth shut in meetings. In his history of the Japan Baptist Mission, missionary Calvin Parker, though he does not specify the year, told of being at a meeting of the Japan Baptist Convention annual meeting when starting new churches was being hotly discussed. One Japanese pastor insisted that land and a building were absolutely necessary to begin a new church. Max, who had seen churches start in homes, shouted "Bakayarou!" ("You fool!") What might have been disastrous for missionary relationships with Japanese was tolerated because of the time he had invested with churches and pastors in Japan, his knowledge of the Bible, his character, and his humor. Later, Convention president Okamura Shouji said that his comment provided the shock that was needed at that time and was instrumental in gaining convention-wide support for house churches (Parker, 257).

---

7) Charles E. Maddry (1876-1962) was a pastor from North Carolina who served as Executive Director of the Southern Baptist Foreign Mission Board 1933-1944. When he took office, the Board was over a million dollars in debt, but by the end of his term he was able to bring it out of debt.

4. A Helpmeet

"Two are better than one, because they have good return for their labor."

(Ecclesiastes 4:9 NIV)

In addition to classes at school and work in committees, Max preached in various places. During his first term on Saturday evenings, he held worship services at the Tobata Good Will Center for a missionary on furlough. At that time Dorothy Carver had finished her language study and was teaching at Seinan Jo Gakuin in Kokura. Before the evening service, Max was often invited to have supper at the missionary residence where Dorothy lived with Cecile Lancaster. They enjoyed talking about family, work, and faith as they shared a meal.

On October 29, 1938, after Max was assured of God's guidance, he was ready to propose marriage to Dorothy. Both of them were in Tokyo. Dorothy had some tests at the hospital, and Max was there to attend a Kagawa Fellowship Retreat. Max was staying with Horinouchi Kensuke[8], a member of the Koishikawa Baptist Church and the newly appointed ambassador to the United States. Mrs. Horinouchi knew of Max's plans, met with Dorothy, and tactfully inquired about Dorothy's feelings.

Max, assured of God's leadership and Dorothy's mutual feeling, planned his proposal to take place at the Kagawa meeting. Dorothy arrived a bit late and had to sit in front of him. He passed her a slip of paper containing his proposal and

8) Horinouchi Kensuke, (1886-1979) worked on the diplomatic staff in Aojima, England, China. In 1930 he served as the Consul General in New York, in March 1934 as Director of the Research Department of the Ministry of Foreign Affairs, in June of the same year he became Director of the United States Bureau, and in April 1936 he became the Deputy Foreign Minister. He was appointed as Ambassador to the United States in October 1938 and worked until December 1940. (The Koishikawa Church is now called the Mejirogaoka Baptist Church.)

received an affirmative answer. After the meeting, they went to the Horinouchi's house for an engagement party.

Their friends and coworkers, who had been expecting the proposal, rejoiced with them. Dorothy wrote to Dr. Maddry in the States about their "merger" (1938.12.6):

> *... along with our deep love for one another, we have also the conviction that our marriage is God's plan for us, and the desire that the home we are establishing may be a place in which God may dwell, and through which He may reveal Himself. We want your prayers for us at the beginning of our life together, that our joy may be for the joy of others, and that God may use us more fully now than he has done before.* (SBHLA)

Wedding plans were made for Christmas week on the day of Dorothy's parents' wedding anniversary, December 29. The couple went to Nagasaki on the 23rd to officially register their marriage at the consulate. Dorothy's missionary older brother George came from Shanghai to perform the ceremony in Seinan Jo Gakuin's Rowe Auditorium. After a honeymoon trip to Shanghai, the new couple settled in Fukuoka.

Max and Dorothy returned to the United States for 14 months from July of the following year for missionary furlough. Max had been teaching New Testament Interpretation and New Testament Introduction in the theological school and felt the need to do further study in the field of New Testament scholarship. They spent much of their time in New York at Union Theological Seminary for that purpose. A "new missionary" was added to their team in October when Elizabeth Ann (Betsy) was born.

5. Changing Times

"Jesus Christ is the same yesterday and today and forever."

(Hebrews 13:8 NIV)

At the end of the 1930s when Max and Dorothy were on furlough, there were many changes taking place in international relationships and in the political and religious situation in Japan. Moves toward militarism and nationalism were occurring in Europe and Asia. Japan had taken over Manchuria, moved into other parts of China, and made alliances with Nazi Germany and fascist Italy. Relations with the United States, England, and other members of the League of Nations were becoming strained. State Shintoism and reverence of the Emperor was being promoted and enforced by militarists in Japan. Seinan Gakuin and Seinan Jo Gakuin, like other mission schools, faced government demands to read the Imperial Rescript on Education and pay homage to the Japanese emperor. The issuance of the Religious Bodies Law in 1939 gave the Japanese government powers of supervision over all religious organizations. To ensure having sufficient members to be officially recognized by the government, in 1940 the Northern Baptists and Southern Baptists formed the Baptist United Church of Christ in Japan. This paved the way for Baptists to respond to even stronger pressure from the government and become a part of the organization of Protestant churches, The United Church of Christ, in 1941.

While in the States, Max had felt the growing distrust and enmity toward Japanese. At the Foreign Mission Board's annual meeting held at Ridgecrest, North Carolina, Max was asked to report on work in Japan. In 1952 he recalled that experience. His type-written notes (1952) read:

In 1939 I came back to America for the first time. For two years the Japanese army had been overrunning China. We heard of oppression and atrocities. ... I heard Wu Dji Djung tell of events in China, and how the Christian witness was still advancing. I had to stand on the same platform as soon as he was through and talk about Japan. It was not easy. I loved Japan. I knew Christ loved Japan. It was heartbreaking to know the things Japanese people had done and were doing. ... I couldn't talk; I couldn't defend Japan; I couldn't call to help Japan as a land of expanding Christian opportunity. I could only call out on behalf of the love of Christ. ... I knew, deep in my heart, from the depths of my heart—that the solution was in the love and power of Christ, who came not to condemn the world, but that the world might be saved through Him—who came because He knew the depths of man's sin and He knew what it would take to save them. (SGA)

In his speech at the memorial service (1974.7.7) for Max held at Seinan Gakuin, Rev. Matsumura Shuichi of Tokiwadai Baptist Church gave more details of Max's dilemma.

As he took the stage in front of a crowd of two to three thousand people, Rev. Garrott opened his mouth to speak, but he could not speak because of tears. He composed himself and tried to speak again, but a sob was all that came out. After a bit, he tried again, but instead of words, tears welled up. Garrott stood there as a missionary in the enemy country of Japan. He could feel Americans' deep anger at the thought of innocent Asian infants and women dying by the bayonets of militaristic Japan. Feeling the harsh stares of the audience toward Japan, Garrott could find no words. Later at dinner, someone was asking why the missionary cried like a child and didn't say a word. Dr. Rankin[9] *of the Southern Baptist Convention's Foreign Mission Board explained, "It is an agony that only the heart of one who loves Japan can know, the anxiety of substitutionary love."*

---

9) M. Theron Rankin (1894-1953) went in 1921 as a missionary to China with the Southern Baptist Foreign Mission Board. In 1935 he became the director of the Orient for the Board. In 1941 he was interned in a Japanese prisoner of war camp in Hong Kong. He was repatriated on the same ship as Max Garrott. In 1944 he became the Executive Director of the Foreign Mission Board and made a great contribution to the rebuilding of Seinan Gakuin and the establishment of the university. The chapel built in 1954 was named Rankin Chapel.

6. To the Japan Baptist Theological Seminary in Tokyo

"...go and make disciples of all nations, baptizing them in the name of the Father and of the Son and of the Holy Spirit, and teaching them to obey everything I have commanded you. And surely I am with you always, to the very end of the age."

(Matthew 28: 19-20 NIV)

Upon return to Japan in 1940, Max, Dorothy, and Elizabeth took up residence in Tokyo where Max was on the faculty of the new joint Japan Baptist Theological Seminary, formed by consolidating the East and the West Japan Baptist Convention seminaries. Max taught New Testament Greek, beginning in September. There were nine students: two from the former West Japan Baptist Convention, four from the former East Japan churches, and three Koreans from Manchuria.

In a December letter (1940.12.1) to Foreign Mission Board Executive Director, Charles Maddry, Max reported on the situation in Tokyo.

The people in our neighborhood are very friendly and kind; we came back to Japan expecting to find a great increase of suspicion and anti-foreign feeling, so it has been a very pleasant surprise to find almost complete absence of anything of the sort in all our contacts. Of course, great changes have been taking place and apparently greater changes are to come. So far, they have not disturbed my Seminary work in the least, and I am having a great time trying to teach. ...

In view of the recommendations of the State Department and of Dr. Rankin, I am making inquiries about passage to America for Dorothy and Betsy ... some time after the first of the year. We propose, however, to watch developments in the meantime before deciding on their going, for there is certainly nothing in the situation here to make them even consider the matter. This is a time above all times when there should be meaning in living for Christ in Japan. (SBHLA)

Despite continued warnings from the United States consulate urging U. S. citizens to leave Japan, in a letter to the Board (1941.2.23, SBHLA), Max repeated his conviction that he was to remain in Japan. But as shortages of daily necessities became more widespread, living conditions worsened. In the Garrott household, cooking meals and heating water had to be done on a charcoal hibachi with the accompanying toxic fumes. Dorothy told of the difficulties in an oral history interview.

When the wick on their borrowed kerosene heater burned up and a replacement could not be found, Dorothy told Max that she was "so uncomfortable." He asked her whether she had come to Japan to be comfortable. Nevertheless, trying to take care of their baby and run a household became more and more difficult. After the third warning from the U. S. government, Max made arrangements for Dorothy and Elizabeth to sail on the *Tatsuta Maru* on March 6. In his letter (1941.3.2) reporting their departure to Dr. Maddry, he reiterated his decision to continue working in Japan.

In spite of the nationalistic pressure …, my work in the Seminary has proceeded without interruption, and the only real hindrances I have felt have been those rising from my own inadequacy for the opportunities.

Please pray for Japan. Pray especially that we Christians of Japan may understand the mind of God for these stressful times and be utterly faithful to do His will. Pray that the Baptists and the Baptist churches of Japan may find new vitality and new power in winning men to Christ and in making here Baptists' historic witness. Pray for our Seminary. (SBHLA)

In April, as Edwin Dozier and his mother Maude departed for Hawaii, leaving Max as the lone Southern Baptist missionary in Japan, Max wrote the Board again about his determination to remain (1941.4.2).

> *I personally am finding constantly increasing opportunities and great joy in the work. As well as I can tell, the Lord wants me here now, and I expect to stay here until I am pretty sure that he wants me elsewhere.* (SBHLA)

Living conditions were certainly not comfortable, but Max was assured that he was where God wanted him. In the *Seinan Jo Gakuin Bulletin* (1974.10), Sugimoto Katsuji, who was at the time head of the college department of Seinan Gakuin and later became chair of the board of trustees, wrote about an incident that showed some of Max's difficulties and how he responded.

> *While making efforts to do theological study and education even in extreme circumstances, Garrott lined up for food rationing, talked with the other people in line, participated in neighborhood gatherings, and gave testimony to God's love while chatting with them. When Garrott was in the food distribution line, he would always let the people who came after him go ahead of him in the line. That meant he was always the last in line, and rations often ran out before his turn. I heard this heartrending story from Mr. Koga and Rev. Yuya. As Garrott returned home, he would pick up leaves which had fallen to the ground for his meal.*

Relationships with people in the neighborhood also began to change over time. An article Dorothy wrote for *The Window of Y. W. A.* (1942.3), gives some insight into those changes. She tells of a conversation Max had with young boys who played near the house.

> *The boy: Which country is Uncle's country?*
> *Silence.*
> *Mr. Garrott: Which country is yours?*
> *The boy: Japan.*

Mr. Garrott: Do you like Japan?

The boy: Yes!

Mr. Garrott: Do you like America?

The boy: No!

Mr. Garrott: Now me, I like Japan and America both. Don't you think that's better?

The boy was unable to answer. With a hasty "Goodbye" in Japanese, he turned and ran. …

Jesus said, "Thou shalt love thy neighbor as thyself." … *As long as we think of the other person as not "belonging" to us, the situation is wrong. When we think of him as the "neighbor" whom we love as we do ourselves, the situation rights itself.*

7. Wartime Internment

"...I have learned to be content whatever the circumstances. I know what it is to be in need, and I know what it is to have plenty. I have learned the secret of being content in any and every situation, whether well-fed or hungry, whether living in plenty or in want."

(Philippians 4:11-12 NIV)

On Monday, December 8, 1941, Max was riding a local train to the home of Northern Baptist missionary William Axling for lunch. He read the large print headlines of the newspaper that a fellow passenger was reading across from him: "War between Japan and the United States." The next morning the police arrived at his front door telling him that "it will be better if you will go somewhere else for a while." They had a list of things for him to take and a truck to carry them, including an American style bed. Books were not allowed, but at Max's inquiry about a Bible, permission was given. Later the policeman brought Max a parcel wrapped in brown paper, saying he thought it was something Max would want. He unwrapped it to find a picture of Dorothy.

The "somewhere else" was Sumire Girls' School, a Catholic school and orphanage in Den'enchōfu, Tokyo. The girls had been moved out to make quarters for some thirty to forty-five men of various nationalities. Max was assigned to a room with 12 other American men, a room barely large enough for the cots and beds wedged into it. Max told about his experience later in a radio program in Maui, "A Life Worth Living" (1947.7.28).

Part of the time we were padlocked in our room, but later they gave us more freedom inside the building, and twice a day they let us get outdoors for exercise periods. The yard was pretty narrow, but we could walk back and forth, inside the barbed wire, while the guards watched.

Our internment camp wasn't nearly as bad as some you've heard about. I didn't get beaten up or anything like that, and we weren't starved. Still, it's not too good to be locked up, away from your family and friends and your work, and there were lots of things we could gripe and grouch and grumble about and make ourselves miserable over if we wanted to. We found that happiness doesn't depend on what happens to you nearly as much as on what happens inside you.

For myself, I had a whole lot of happiness in the internment camp. It was one of the best experiences of my life. The biggest reason was that I felt I was exactly where God wanted me to be. (SGA)

Max was able to send a concise message to Dorothy by way of the Swiss Red Cross: "Safe, well, profitably interned." There was much discussion about what Max meant by the last phrase. Dorothy wrote an article (*The Window of Y.W.A.* 1943.11) later about some of the ways the internment was "profitable" for Max.

Physically, he was better cared for than he would have been, alone. ... Beyond that, there was companionship. ...

But there was more to it than that. It was a period of learning. Most important were the lessons in living gained through the close association with the other men, and the necessity for each to make adjustments to the needs and wishes of the others. There were also lessons of a more formal nature, French with the French-Canadian Franciscans, piano with a Russo-Australian musician, lectures in American history by a newspaper correspondent.

The time was profitable from the spiritual standpoint, too. There was deep fellowship. ... There was ample opportunity for the exercise of one's Christianity in the prolonged association with so many people. And there was opportunity for witness, in words as well as manner of living, both to fellow internees and to the Japanese who were responsible for them.

By June of 1942, negotiations had been made by the American and Japanese governments to repatriate internees. Max was allowed to return to his house and given three days to prepare for returning to the United States. There was much packing to do, things to dispose of, many people to meet, and not much time to stand in line to buy groceries. The first day he was at home, he tried to eat lunch out in a neighborhood eatery—one was "on holiday" permanently, one was sold out, and one had noodles where he ate two bowlfuls. A pastor came to visit in the afternoon, bringing an *obento* (box lunch) for him. He was back again the next morning with breakfast. Mrs. Horinouchi brought him fruit, bread, butter, jam, peanuts, and eggs. And so it continued the next two days. Dorothy wrote an article (*The Window of Y. W. A.* 1943.1) later about "God's Ravens in Japan," comparing Max's visitors to the ravens God sent to provide nourishment to the Old Testament prophet Elijah. She said:

> *There was much more than material food in what those "ravens" brought. Their coming ... gave unmistakable assurance that these friends still cherished their friendship with the American missionary, even though their countries were at war with each other. They were concerned for the comfort of their friend; they were not afraid or ashamed to be seen coming to his house; they wanted to see him and be with him again before he sailed for America.*

Though Max had had some friends come to the internment camp on visiting days, bringing news and food, news of life outside the camp, and time with friends were limited. During those three days at his house, fellow seminary teachers came to say the seminary would be closed. Pastors brought news that, though church attendance and baptisms were down some, work was going along, unchanged by the church union or the war. There were reports that the schools (Seinan Gakuin and Seinan Jo Gakuin) in Kyushu were going ahead with full enrollment. Max also heard the joyful news that a young woman, who had been banished from her family because of her faith, had been reconciled with her family.

In a handwritten note, Max listed what he would ask his American friends to join with him in prayer for his Japanese friends:

1. *Pray that they may not suffer because of their friendship for us or for Christ, but may be blessed*
2. *That they may be hardened by their difficulties, tempered steel*
3. *That the Japanese in America may not suffer for lack of the friendship of American Christians*
4. *That the Christians in Japan and in America may stay out of the chaos, free from infection, an antitoxin against hate and greed and fear*
5. *That God may be glorified* (SGA)

8. Repatriation

"… 'Go back to the land of your fathers and to your relatives, and I will be with you.'"

(Genesis 31:3 NIV)

On June 25, 1942, about half a year after the start of the war between Japan and United States, Max departed on the first prisoner exchange vessel, the *Asama Maru*, from Yokohama, with 430 others. Four days later, they picked up others who had been interned in Hong Kong at the Stanley Internment Camp. Among those were M. Theron Rankin, the Foreign Mission Board Orient area director and Pearl Todd[10], who was a missionary teacher in China and who would later teach at Seinan Gakuin. Other internees were picked up in Saigon and Singapore before the ship arrived at Lourenço Marques in Mozambique in July where the exchange was to be made on the twenty-third. Max was with some 1,500 other civilians who boarded the Swedish ship *MS Gripsholm* to make the trip to New York via Rio de Janeiro. They arrived on August 25, 1942. Upon arrival, each passenger was screened for loyalty to the United States by 3 intelligence officers—the FBI, the Army, and the Navy. Max wrote about his interview (*Japan Baptist* 1948.10):

> *…My landing was a bit of a hassle. Each person who disembarked was examined individually. For me, it took several hours. The answer to the question about my attitude toward the war was: "I cannot participate in war. It is my creed to love my enemies. I cannot take up a gun. Even though it may be possible for some people, I cannot." Finally,*

10) Pearl Allene Todd (1890-1981) went to China in 1919 as an educational missionary with the Southern Baptist Foreign Mission Board. Until 1941 when she was interned in a Japanese prisoner of war camp in Hong Kong, she worked at a girls' school in Chefoo (Yantai). From 1950 to 1957 she taught English at Seinan Gakuin.

I was able to go ashore.

He was also under surveillance for months afterward to be sure he was not disloyal.

9. Bridge between America and Japan

"You have heard that it was said, 'Love your neighbor and hate your enemy.' But I tell you, love your enemies ..."

(Matthew 5:43-44 NIV)

Max was reunited with his wife and daughter after a sixteen-month separation. He talked about his return at Ridgecrest in 1952. This is an excerpt from his notes:

> *The war was hot, and Japanese power was sweeping over the Philippines, the South Seas, and all East Asia. ... I had a message for America, a message that came straight from Jesus Christ. I preached it all over the country. It was "Love your enemy!" Some people thought it was an awfully queer thing to say, and an awfully queer time to be saying it. Some other people thought it was the only thing a Christian could say, and the time of all times to be saying it. Love your enemy! ... Not because he is worth loving, not because he is good or lovable, but because God loves him. "Love is of God, and he that loveth is born of God and knoweth God, He that loveth not knoweth not God, for God is love!"* (SGA)

After having some time off and visiting with family, Max and Dorothy were contacted about working with a Japanese-speaking congregation in Houston, Texas. Cecile Lancaster, Dorothy's coworker from Seinan Jo Gakuin days, was leaving Houston to go as a teacher to the Gila River Project in Arizona, one of the relocation centers for persons of Japanese ancestry. The Garrotts moved to Houston to continue her work. While there, William Carver (Bill) was added to the family on May 24, 1943.

Because the position in Houston was more of a part-time position and there was an invitation to work in the relocation camps in Arkansas, the Garrotts were looking into moving. With concerns about their status with the Foreign Mission

Board and the reception by churches inside and outside the camps, Max made a survey trip in September 1943. He gave a report of the visit in a letter to Executive Director M. Theron Rankin (1943.9.13):

> *The workers were most cordial, both in the Centers and in the towns. ... A town pastor pled for help in creating a Christian atmosphere in the churches and communities outside. Another pastor told me he had felt no call to help the Japs, confessed that he had no very kindly feeling toward them, and opined that when Jesus said "Love your enemy" He meant personal enemies, not national or racial enemies. "If national enemies were included," he said, bringing weighty logic to support his position, "it would make war impossible." There is something in his logic that appeals to me greatly!* (SBHLA)

After the Garrotts found a house to rent in McGehee, Arkansas, a city located between the Jerome and Rohwer Relocation Centers, they began working with churches in the centers in the fall of 1943.

Max also was asked to speak on college campuses, in student gatherings, and in other meetings. He shared his experiences and those of Japanese believers. His message resonated in the hearts of some of his listeners, some of whom later became coworkers at Seinan Gakuin University in the Department of Theology. One of those was Luther Copeland[11] who heard Max speak in 1943 at a student gathering at Ridgecrest and was moved by his message and wrote in his memoir:

> *Max ... spoke about Christian love. I could see that he was painfully torn between his native and his adopted countries which were locked in a bitter war. Max said that Jesus instructed us to love our neighbor. And Max asked, "Who is our neighbor?" His answer was Japan. "Therefore," declared Max, "we must love the Japanese." Then he indicated that Jesus also taught us to love our enemy. "And who is our enemy?" he queried. Again*

11) E. Luther Copeland (1916-2011) was appointed as a missionary to Japan by the Southern Baptist Foreign Mission Board in 1949. He taught church history until 1956 in the Theological Department of Seinan Gakuin University, and served as the Chancellor of Seinan Gakuin from 1953 until 1956. After retiring, he returned to Japan in 1975 and served once more as Chancellor from 1976 until 1980.

the answer was Japan. "So we must love the Japanese," Max said.

This kind of message was not popular in 1943. Everything conspired with American propaganda to nurture hatred of the Japanese. I was impressed not only with Garrott's obvious pain but also with his raw courage. From that moment I began to feel in my innards that God was calling me to Japan. I kept hearing the quiet question within me, "Luther, why shouldn't you go to tell the Japanese of the great indiscriminate love of God, who loves all … (Copeland, 108-9).

Robert Culpepper[12] first heard Max speak at chapel at Mercer University in 1943. He, too, was impressed by the love he saw reflected in Max. His account of the encounter can be found in his autobiography (Culpepper, 38).

Though his speech was not particularly impressive, the man himself was. For one thing, there was a glow on his face, and I had the feeling that it was … a radiance that came from the inside. Another thing that impressed me was his deep love for the Japanese people. These were war years, and it was most unusual to hear anyone express love for them.

Culpepper heard him again in December 1945 when he spoke at the Missionary Day service at Southern Seminary. In his message, Max shared part of a letter from Endo (later Matsumura) Akiko that God used to call Culpepper to go to Japan as a missionary. Her letter was printed in the Foreign Mission Board magazine, *The Commission* (1946.4).

Japanese common people are not … belligerent by nature. They are lost sheep without a shepherd. Oh, America, blessed nation, listen to this sincere cry of one Japanese girl. Send us shepherds.

In the summer of 1944, the Garrotts were looking for a new place to live after

12) Robert Culpepper (1924-2012) was appointed as a missionary to Japan by the Southern Baptist Foreign Mission Board in 1950 and taught in the Theological Faculty of Seinan Gakuin University until 1980.

their landlady decided to sell the house in which they were living. At the same time, the Rohwer camp needed a third-grade teacher and urged Dorothy to take the position. At first, she demurred since she was certified as a secondary teacher and was expecting a child before the end of the school year. But at the school's insistence, Dorothy became an employee of the War Relocation Authority and the Garrotts moved into a house inside the center. Dorothy Alice was born in the camp clinic on April 23, 1945.

Available bulletins of the Rohwer Federated Christian Church show that Max's role included chairman, preacher, pianist, choir director, soloist, flutist, drama director, Bible study leader, Vacation Bible School coordinator, and counselor. Worship services were held in Japanese for the first-generation Japanese and in English for the second- and third-generation Japanese Americans.

Max also cooperated with other Christians in various cities away from the West coast to help university students leave the center to begin or continue their studies and to help families find jobs and places to live so that they could leave the center. He also tried to help build bridges between people. A manuscript entitled "Southern Baptists and Japanese Americans" (1942) reflects his message. Max encouraged them to live out their Christian faith in their relationships with all people.

> *The situation is a laboratory testing democratic Christianity. We are being tested as well as the Japanese-American Christians. Christ is saying to us: "Forget not to show love unto strangers ----Remember them that are in bonds, as bound with them. — Inasmuch as ye have done it unto one of these my brethren, ye have done it unto me." Through this situation He is challenging Southern Baptists to help these people through evangelism, education, employment, integration into American life, and the protection of their civil rights.* (SGA)

Max tried to help Baptists understand the plight of the internees and see them with the eyes of God's love.

10. Moving Closer to Japan

"But these things I plan won't happen right away. Slowly, steadily, surely, the time approaches when the vision will be fulfilled. If it seems slow, do not despair, for these things will surely come to pass. Just be patient! They will not be overdue a single day!"

(Habakkuk 2:3 TLB)

The Rohwer center closed in November of 1945, but many began leaving in the summer and many others were making plans to leave. Max's letter of July 3, 1945, to the Foreign Mission Board reflects that his family was also considering leaving the center.

> *Now we are approaching the time for action. People are leaving the Center pretty rapidly now; congregations are less than half now of what they were in the spring, and the people who haven't gone are restless with plans. Betsy is due to start to school this fall, and we'd like to get her settled before the school year begins. We'd like also for her sake to plan not to move again until the school year is over. We have moved so often in her young life that we'd like to give her some degree of feeling settled.* (SBHLA)

They first moved in with Dorothy's parents in Louisville, Kentucky. News about Japan and the end of the war made the Garrotts want to return as soon as possible. It would take time before their desire would be met. Until that time, their destination of choice was Hawaii—as close as they could get to Japan. Edwin Dozier had been asking them to come and help with Japanese work there.

They sailed for Hawaii in February 1946 and stayed with the Doziers in Honolulu for seven weeks before moving to Wailuku on Maui. Max became the pastor of the Kahului Church, a congregation of 37 members. By Christmas, 29 new members joined. Some 70 people met for Sunday services held in their living-dining room.

Max also did a weekly radio program called "A Life Worth Living," in which he told stories about his Japanese friends and stories from his own time in Japan. Max continued the message of loving one's neighbor and loving one's enemy.

 11. Return to Japan and Seinan Gakuin 

"'For I know the plans I have for you,' declares the Lord, 'plans to prosper you and not to harm you, plans to give you hope and a future.'"

(Jeremiah 29:11 NIV)

After the cease-fire between the U. S. and Japan, Max began to receive news of friends, coworkers, the churches, and the schools. Reports from American servicemen and letters from Fukuoka and Kokura told of the wartime struggles and plans for the future. In a letter to Executive Director Rankin, Pastor Yuya requested that Max or another experienced missionary with "true sympathy and deep understanding" return to help. The Foreign Mission Board decided to send two representatives to survey the situation and determine how to proceed. They approached Edwin Dozier and Max Garrott about going. Both were eager to go, but when it became clear that the survey trip would be longer than two or three months, Max declined, citing the need to be with his family and to fulfill the church responsibilities he had begun in Maui. He wrote to friends (1946.12): "We feel we should wait this time until the family can go together. When it is time, God will open the way." (SBHLA)

Edwin went alone to Japan in October 1946 and began renewing the ties between Japanese and American Baptists. Soon other missionaries were given permission to go to Fukuoka. In July 1947, two missionaries departed for Fukuoka—Alma Graves and newly appointed Tucker Callaway, who left his wife and child behind in Hawaii until families were allowed. In September, the Garrotts—Max, Dorothy, 8-year-old Elizabeth, 4-year-old Bill and, 2-year-old Alice—finally received their passports and acquired the mandatory tonnage of food and were ready to book passage to Japan. Other former missionaries had been able to get tickets on passenger ships, but the prospect of getting immediate passage for a family of 5 was slim. Instead, they found two rooms on a freighter transporting nitrates for fertilizer bound for Korea. They were due to arrive in Yokohama, but their freighter was redirected to Sasebo, arriving on October 11. They were welcomed by Edwin Dozier, Endo Akiko, and Seinan Gakuin Associate Director of Religious Affairs Kawano Sadamoto.

They were hardly settled in before Max took over Edwin's responsibilities as the official representative of the Japan Baptist Mission, which included duties as chairman, secretary, and treasurer. He also resumed teaching in the theological department of Seinan Gakuin, participating on various committees and boards of the school and the convention, as well as preaching in churches. The Garrott family also added a new member on September 15, 1948, when Jackson Maxfield (Jack) was born.

In July 1948 when Mizumachi Yoshio ended his 15-year position as chancellor of Seinan Gakuin, Max was asked to take over the leadership of the schools, which then included 2600 students from junior high to junior college. Although he did not see administrative work to be his calling, he took it as a temporary assignment because, as he wrote to Executive Director Cauthen[13] (1948.8.2), he believed that "one of the most urgent and vital needs in our work in Japan today is to make a deeply and vitally and consistently Christian school out of Seinan." (SBHLA)

One task that required a great commitment of time and energy was the establishment of a 4-year university to be chartered in April 1949 with Max as president. The new school would require new buildings, supplies, and new staff. Max sought out qualified Christian teachers and worked to recruit them. He also had to make "numerous trips to Tokyo—27 hours each way on unheated trains—for conferences with the Ministry of Education" (Dorothy oral history). He expressed his concerns for the schools in a letter (1948.12) to his friends:

---

13) Baker James Cauthen (1909-1985) went to China as a Southern Baptist Foreign Mission Board missionary in 1939 and served as Executive Director of the Foreign Mission Board from 1954 until 1979.

The Christian quality, diluted in wartime, is a primary concern. Student storms, nationwide, do not leave us untouched. Inflation takes the bit in its teeth and runs away with budgets. The challenge and opportunity to put Christ into the hearts of youth in the construction of the new nation is aweing. (SBHLA)

The university opened, as scheduled, in the spring of 1949 with 130 students: 10 in the Theology division, 40 in the English literature division, and 80 in the Commerce division. Approval from the Ministry of Education was contingent on a substantial increase in staff. Max had to ask the Foreign Mission Board for funds over and above the initial request for the start-up to meet the demand for increased personnel funds as well as the increased costs due to inflation. The next year, the Kindergarten Teachers' School became a junior college affiliated with Seinan Gakuin.

When the principal of Seinan Gakuin high school, Ito Toshio left to study at Baylor University in September 1950, the trustees asked Max to serve as acting principal. There were some conflicts and contradictory ideas about education between the junior high school and the high school that needed to be resolved. Max had urged the trustees to replace him as university president when accepting the high school position but to no avail. They were convinced that Max was the man best fit for all his jobs.

The time preceding the end of the U.S. occupation of Japan in 1952 was a politically and economically unsettled time throughout the country. The passage of the Control of Subversive Activities Law aroused fears of restrictions on the freedom of expression and association. University students throughout the country staged demonstrations on campuses. In a paper entitled "Points for Consideration in Relations with the Students" (1951), Max said of the students at Seinan:

"The students are … vigorous and capable. They want a cause to fight for, and their fighting can be very constructive…. Encourage their fighting spirit and help them learn how to fight wholesomely and successfully for a better Seinan, a better Japan, and a

better world." (SGA)

The students made their attacks in the school newspaper and in face-to-face confrontations. Max urged faculty and staff not to argue or accuse, but to start with points of agreement, to try to see things from their point of view and be sympathetic with their interests, and to challenge them along constructive lines. He admitted that his initial reaction was to attack his attacker and that he had had to ask for forgiveness for his "ungentlemanly and un-Christian" behavior. Comments from two students of that time show the impact that Max left on them. Kiriake Masashi was interviewed for the alumni column in the *Seinan Gakuin University Bulletin* (1987.11.9) and shared his memories:

Dr. Garrott, who was president at that time, dealt in a dignified manner with the demonstrations in opposition to the Control of Subversive Activities Law and the awakening of the student government who lashed out at the president, and instructed the students calmly and firmly. Dr. Garrott had such a presence that had he not been the president, I don't know what would have become of Seinan.

Soejima Isao, who was also a student at that time, spoke about Max in the alumni column of the *Seinan Gakuin University Bulletin* (1990.4.27):

"There were demonstrations like the one in opposition to the Control of Subversive Activities Law that shook up the school while I was a student. At that time, (first) President Garrott and other professors reasoned with us saying "what is right is right and what is wrong is wrong" and agonized right along with us."

Max stepped down from his various assignments at the end of March 1952, when the family left for a year-long furlough in Louisville, Kentucky at the Southern Baptist Theological Seminary. There he could do study in Greek and New Testament. The Women's Missionary Union Training School asked him to consider doing some teaching, but he declined in a letter to the Board and the school (1952.1.8), saying: "...while I do not expect to have administrative responsibilities, Seinan needs more men with more knowledge of the why and how of operating a university, so that I want to do a good deal of study and observation in the field of Christian education." (SBHLA)

12. To Seinan Jo Gakuin

"With eyes wide open to the mercies of God, I beg you, my brothers, as an act of intelligent worship, to give him your bodies, as a living sacrifice, consecrated to him and acceptable by him. Don't let the world around you squeeze you into its own mould, but let God re-mould your minds from within, so that you may prove in practice that the plan of God for you is good, meets all his demands and moves towards the goal of true maturity."

(Romans 12:1-2 Phillips)

The Garrott family returned to Fukuoka from the U. S. in April 1953. Max resumed teaching Greek, Hebrew, and New Testament exegesis in the theological department of Seinan Gakuin University and Christian studies for other faculties of the university. In September 1954, he took over the duties of Executive Director of Religious Affairs for Seinan Gakuin. The university Focus Week—a longer chapel with a speaker from outside the school—was begun during his term. The chapel services were held in the new Rankin Chapel which had been completed the year before. The new chapel also housed a used Hammond organ that came to Seinan from the Olivet Baptist Church in Honolulu, Hawaii.

Max and Dorothy had continued to work in churches in and around Fukuoka. The Torikai congregation with which they were involved and which had begun as a mission of Fukuoka Baptist Church, was organized as a church in 1956. Max agreed to serve as pastor until furlough.

School, church, and home kept Max busy. In writing her memories, daughter Alice said, "As busy as Daddy was with church, teaching, committee work, etc., I never had the sense that we, his family, were in any sense an afterthought"

(Hooker email). There was always music at the Garrott household. The family Christmas newsletter of 1957 tells of the musical household—Elizabeth on the piano and trumpet, Bill on the trumpet and flute, Alice on the saxophone and violin, later Jack would join in on the clarinet. They enjoyed all singing together with Dorothy on the piano. Their parents tried to instill a love for learning and reading. There were treasure hunts with the clues in hiragana. There was a family reading time after supper which included Shakespeare, Dickens, and other authors. There were card games and dominos.

By 1955 all the children were in school. The three younger children were at the American school on the Itazuke airbase. Elizabeth, now a high school junior, went to Kobe to attend Canadian Academy. 1957 was a chance for the family to spend all together. Elizabeth had graduated from high school and was spending time in Fukuoka before beginning study at Wake Forest University in August. They climbed Mt. Fuji, made a trip to Hokkaido and got caught in a flood at Mt. Aso.

There was much to be concerned about in the schools, in the churches, and in their home, but the focus of the Garrott family was not limited to the situation in Japan. The family Christmas newsletter (1957.12) reflects their awareness, as well as Japanese awareness, of the situation in the American South. The civil rights movement had begun, and in that year under President Eisenhower, the United States Congress had passed the Civil Rights Bill. This bill, which followed the 1954 order for school desegregation, protected voting rights of black Americans.

> *The racial tensions in America have attracted much attention in Japan. It has been reassuring to find some Japanese pointing out publicly that Japan herself has problems of discrimination and is in no position to cast the first stone. That much is very wholesome, but there is also comment that America is morally unfit for world leadership. Please be praying for Japan, as we are praying for America.* (SBHLA)

June 1958 brought another furlough for the Garrotts. After spending some time in Batesville, Arkansas with Max's parents, they spent the remainder of the time in Louisville, Kentucky.

The Garrotts returned to Fukuoka in July 1959, and Max resumed teaching responsibilities in the university. Again, he was asked to take administrative duties. He served as Executive Director of Religious Affairs from October to May of the following year. Then in October 1960, Max was asked to cover for the chancellor and was subsequently appointed as the deputy chancellor for Seinan Gakuin. He served in that capacity until the end of October of the following year when Koga Takeo took over the post in November.

Max was then asked to fill in for a need in Kokura at Seinan Jo Gakuin. The pressing matter at hand was a conflict between the administration and the teachers' union. About half of the faculty had gone on strike. He was asked to become Chair of the Board of Trustees in October 1961. This was not Max's first experience with a conflict between management and union. When he was pastor at the Kahului Baptist Church in Maui, a conflict affected the whole community. A radio announcement (1947.7.19) from that time shows what attitudes Max thought would help resolve the issue:

> *I don't know how to run a pineapple cannery or a labor union. You can't run either one of them right, though, unless you run it God's way. That means love your neighbor as yourself, so you work for each other and not against each other;—that you remember people are more important than money;—that selfishness and pride and jockeying for power are cleared out of the way;—that you look to God and let Him lead you to the settlement that will be best for everybody.* (SGA)

The situation at Seinan Jo Gakuin was somewhat resolved when an outside arbitration commission called for the resignation of one of the union leaders. The union members, in turn, demanded the resignation of one of the administrative staff. The position of principal had already been vacant for some time so the resignation of the vice-chancellor, Sugano Kyuji, left another gap in leadership.

Max's term as chair of the Board of Trustees ended in February 1962 when he was elected chancellor of Seinan Jo Gakuin from March and president of the junior college from April. Even with the new responsibilities, the Garrotts continued to live in Fukuoka. and Max continued to teach classes in the Faculty of Theology at Seinan Gakuin two days a week. In a letter to Executive Director of the Foreign Mission Board Cauthen (1970.11) he wrote that he had hoped to get the "serious trouble" and "deep rifts between union and non-union faculty as well as in relation to the administration and trustees … on an even keel in one year, but it didn't clear up quickly." (SBHLA) When the commute began to take its toll on Max's time and health, the family moved to Kokura in February 1964.

Elizabeth had been in Kokura at Seinan Jo Gakuin since April of 1962 and taught English conversation during the week and English Bible class on Sundays. Bill had graduated from high school and was a student at Wake Forest University. Alice graduated from the American high school in Fukuoka in 1964 and would begin her study at Carson Newman University. Jack was then a high schooler involved in musical activities at school.

At Seinan Jo Gakuin, Max tried to give the faculty, staff, and students a renewed vision of the mission of the school and appealed to them to work together to fulfill that vision. He used the Japanese character 要 [*kaname*] to explain his vision. Made up of 西 [*Sei* west] and 女 [*Jo* female], it was a fitting motto for Seinan Jo Gakuin. In his inauguration address (1964.3), Max introduced his starting point as chancellor:

> *A fan has ribs. If the ribs fall apart, the fan is useless. Therefore, it is necessary to have a rivet pin [kaname] which holds all the ribs together. Schools include such aspects as academics, discipline, life guidance, and character education. Just like the ribs of a fan, all aspects of a school must be joined together with a metal rivet pin. What is it that holds all of these together? It must be a faith that embodies the will of God. Each student is a creation of God. We have been entrusted with the mission of teaching and guiding*

each one of these students to whom God has given distinct personalities and for whom He has prepared a path. ...

The rivet pin of Seinan Jo Gakuin is the will of God, and the pin that holds all teachers together is God's purpose. I always pray about what God's will is, and I want to pursue it. I desire for each student to be able to respond to the call of the living God. (*Kaname* 4-7)

Max used chapel messages, orientations, retreats, articles in the monthly bulletin and other publications, meetings, and one-on-one encounters to encourage working together and building on the traditions.

The Garrotts were due to return to the U. S. at the end of July 1964. While making preparations, the Garrotts were again aware of racial tensions in the South. They wrote to their friends in America (1963.12).

As we come for this furlough we are deeply conscious that we must accept our full share of the personal and group responsibility for the white, Western American superiority complex which is such a barrier to the spread of the Gospel and to the peace of the world. We want to open our hearts and lives to God to let Him work His work first of all in ourselves. (SBHLA)

While the Garrotts were in the States, Rev. Martin Luther King, Jr. was awarded the Nobel Peace Prize. Max wrote a letter of congratulations and invited King to come to Seinan Jo Gakuin any time he was in Japan. Although that visit was never realized, King's wife, Coretta, came to Seinan Gakuin University for its 70th founders' day celebration in 1986.

Max presented a paper at the 4-day Baptist World Alliance in Miami Beach, Florida at the end of June 1965. Entitled "Academic Education," the paper reflects much of Max's educational ideals as well as the struggle to realize those ideals. He asserted that the greatest hindrance to work in education was what he called "practical atheism"—failing to live what one believes. It is needful "for whoever is concerned about spiritual vitality in the school to expose himself to Christ as completely as he knows how for cleansing and leading." He spoke of facing the challenge of communism by embracing the ideal of world brotherhood and a classless society, but rejecting a revolution of violence, recognizing that "attempts to create a new order all fail unless they solve the problems of hate and greed and pride, of dishonesty and irresponsibility and power hunger." Graduates of mission schools need to be "freed from selfish motives and dishonest practices" and "become active instruments of the Holy Spirit." "The most important objective is to bring the students to a realization that God is living and working in their own lives." He also noted that "lack of love or of honesty or of humility or of the living sense of God's presence and working" can be spiritually detrimental for missionaries and Bible teachers.

> *Preaching or public prayer by a person who is blind to his own faults or unwilling to correct injustices he has committed is apt to backfire. The quickest way to open a man's ears to what you say about Christ is to apologize to him sincerely for the wrong you have done to him and to take any measures of restitution which are indicated. … [It is] important to be a person through whom God works—a channel of his love and understanding, of his righteousness and his redemption…—a person who is full of hope and confidence because he knows that God has the answers—both the wisdom and the power to bring solutions that are imaginative (creative) and radical (basic) who is relaxed because he knows that the job is not dependent on his own abilities.* ("Academic Education," 1965, SGA)

Embodying these attitudes and realizing these objectives would continue to be a challenge after Max returned to Japan and worked in mission schools.

Max and Dorothy returned to Kokura in August 1965, leaving the children in the U. S. Both were involved in educational and religious activities of the schools and in area churches. Even though the children and their instruments were lacking, music continued to be a support for Max and Dorothy. They practiced flute and clarinet duets so that they could send a Christmas tape to the children and sang love songs and gospel songs as a duet for the junior college festival.

Max was relieved of his responsibilities as president of the junior college in March 1966 when a replacement was found. However, he continued teaching the junior college classes he had begun in October 1964, teaching in the Faculty of Theology in Fukuoka, and serving as chancellor. But his workload saw little relief because he was also asked to serve on several committees in the Japan Baptist Convention.

Seinan Gakuin in Fukuoka celebrated its 50th anniversary in May 1966 for which Max was asked to give the commemorative message. Basing his title on a line from the school song, "Eternal School—Let's Unite as One and Live in Truth," Max reminded some 1000 listeners that the institution itself was not eternal, but that it had been founded on the eternal values of truth, love, and God's will. Here is an excerpt from his message which was included in the *Seinan Gakuin Alumni Bulletin* (1966.7.20).

> *For the founders, Seinan was by no means absolute. It was not Seinan first, but God's will first. While this spirit is truly maintained, Seinan can be said to be an "eternal school."* …
>
> *So Seinan, today, be an eternal school! Live the truth. Live in love! Live in the will of God! Be true to Christ today!*

On December 6, 1967, Max wrote a letter to Jim Satterwhite, missionary doctor at the Kyoto Baptist Hospital, concerning a recurring problem. A year or so earlier, they had spoken about occasional chest pain when walking briskly. His letter outlined his health problem:

> *The problem has increased in the past few weeks, rather rapidly it seems to me, so that I can't even walk the short distance from my home to my office at a normal pace without discomfort. This morning for instance, I seemed to have more trouble than ever before;*

one of the young women on the faculty passed me on the way to school and expressed surprise that I was walking so slowly; "Usually I can't catch up with you" (SGA).

He said that this shortness of breath, though it subsided when he stopped walking, seemed to be abnormal for a 57-year old. He asked in his letter for advice about whether to stop in Kyoto for tests when making his next trip to Tokyo, to consult a local doctor, or to just put up with it. An immediate call from the doctor (Jim Satterwhite) told him to start medication and stop in Kyoto on the way to the Tokyo meeting. Treatment was prescribed which included taking medication, doing exercise, and reducing responsibilities. Max stopped commuting to Fukuoka to teach classes in the Seinan Gakuin Faculty of Theology. But in 1968, along with his other jobs, he was asked to fill in as the principal of the junior high school when the principal retired. He accepted the job over the protests of his wife, Dorothy.

In 1968, the situation at Seinan Gakuin had been a difficult one. Strikes and demonstrations by students had been held on campuses throughout Japan protesting American bases on Okinawa and demanding the return of Okinawa to Japanese control. Though the requests were not unreasonable, the demonstrations became destructive and violent. When the American aircraft carrier *Enterprise* docked in Sasebo in January, outside radicals infiltrated the Seinan campus and incited the students to riot. As chancellor, Edwin Dozier became the target of the students' attacks. The stress of trying to be a peacemaker between faculty and students, dealing with the radicals in an unemotional way, and keeping the school running took its toll on his heart.

In May of 1969 when Edwin passed away, people who knew the grave condition of Max's heart urged him to be cautious. Max, too, finally realized the importance of taking his own heart condition seriously.

At the end of May 1969, Max wrote a letter in Japanese and a letter in English dated July 3 asking for volunteers to pray together daily for both schools and sent it out under his name as chancellor of Seinan Jo Gakuin and that of Ito Toshio, chancellor of Seinan Gakuin. The letter was sent to "the personnel of both schools, to trustees and to others who have reason to be concerned." It was Seinan Gakuin chancellor E. B. Dozier's passing that reminded Max of the need of united prayer for the schools. His letter was an invitation to unite in prayer with him and others until the end of the school year in March 1970.

> *… check one or more of the following statements….*
>
> ○ *to pray daily for Seinan Jo Gakuin and Seinan Gakuin,*
>
> ○ *to pray especially for a spiritual revolution in both Seinans by the Holy Spirit.*
>
> ○ *to pray five minutes or more each day for the two Seinans.*
>
> ○ *to make a heart-connection with others, I'd like to have the names of my prayer-partners in this project and want my name added as well* (SGA).

More than 100 people answered the call to join in prayer for the schools. One of them commented:

> *The sense of crisis that I have toward today's Japanese society has grown stronger. However, someone like me always worried about what I should do. It was like something always just below the surface in my mind. But I think this has clearly shown me what I can do.*

In late 1969, Max began working with Matsumura Akiko and Tobita Shigeo on a common people's translation of the Bible for "the masses of farmers and laborers." He wrote to Baker James Cauthen (1979.11.11) explaining that they were "avoiding 'church language' that is not readily intelligible to people without church associations and also avoiding vocabulary and style that are difficult for people who don't do a great deal of reading" (SBHLA). Matsumura had already made extensive notes for the translation. Max's expertise was exegesis. Tobita, a Seinan graduate, was then a professor of English literature. His experience with translation and Japanese literary style completed the team for the project. However, progress was slow because of the other work commitments of each member.

1969 marked the 80th anniversary of Southern Baptist Mission work in Japan. Max was with pastors, convention leaders, and other missionaries as they looked back and then made plans for the future. The growing movement within the convention to be independent of support from the Foreign Mission Board, the frustrations of dealing with cultural differences, the continued American military presence in Japan, and U. S. participation in the Viet Nam conflict caused friction.

In 1970 the annual meeting of the Baptist World Alliance was scheduled to be held in Tokyo. Max was looking forward to gathering with Baptist believers from around the world, but not everyone in Japan welcomed the opportunity for fellowship and worship. A group of those in opposition distributed handbills outside of the hall where the meeting was held. There was minimal disruption, but discontent was evident.

These tensions were not just found in Baptist circles. There was an anti-establishment minority with a strong political orientation that had become vocal in several denominations. Some university theological departments had even been forced to close. At Seinan Gakuin university theological students also organized a strike. Max had resumed teaching one class there in April of 1970, without participation in faculty meetings and without contact with students outside the classroom. The strike strengthened Max's desire to return to the Faculty of Theology in Fukuoka.

In September, Max submitted his resignation as chancellor of Seinan Jo Gakuin effective March 31, 1971, to devote his energies more exclusively to teaching future pastors and working on the New Testament translation project. As he looked back over the 10 years he spent in Kokura, he wrote in the *Seinan Jo Gakuin Monthly Bulletin* (1972.2):

> *Since I took up this position at Seinan Jo Gakuin some 10 years ago just after a fierce dispute, I now believe that a relationship of mutual trust has been established. This makes me think I have fulfilled my most basic responsibility over the last 10 years and moves me to tears.*

On the other hand, a relationship of mutual trust with students seemed to be less than stable. The students had asked for 10 minutes after chapel for freshmen to make an announcement. The ten minutes turned into several hours with a newspaper reporter and a photographer in attendance. It became a meeting to stir up opposition to a raise in tuition. Max was disappointed until he heard that several days later the students came to apologize: "I'm sorry. What we did the other day was wrong."

After his resignation, Max and Dorothy returned to the U. S. in April for a short furlough.

13. Back to Fukuoka

"Very truly I tell you, unless a kernel of wheat falls to the ground and dies, it remains only a single seed. But if it dies, it produces many seeds."

(John 12:24 NIV)

At the end of a 6-month furlough, Max and Dorothy returned to Japan. They moved to Fukuoka in April 1972, and Max taught Greek and Hebrew in the Faculty of Theology. Although Max planned to concentrate on teaching and translation, in June he was asked to serve as chair of the Board of Trustees. From September he became the chair until the following April when he was elected chancellor of Seinan Gakuin. The following April he added the responsibilities of Executive Director of Religious Affairs.

His installation speech, printed in the *Seinan Gakuin Monthly Bulletin* (1973.6), described how he saw his job as chancellor:

I think that the roles of the chancellor are like a tattered cleaning rag and a plain old pipe. A rag must be clean to be useful, and it's something every family must have. After being selected as the chancellor, one trustee told me, "One of the chancellor's roles is to deal with complaints. No matter what kind of problems happen, the chancellor cannot avoid them." The role of the chancellor is to be a rag to clean up messes.

As for the role of "pipe," there are two aspects. One is to serve as an instrument for communication between people. As Seinan grows and the number of people increases, the dialogue will become less meaningful. The dialogue between faculty and staff, the dialogue between students and students, and the dialogue between students and faculty and staff will tend to become superficial, and the dialogue between the Seinan schools can also break down, and there is a risk that the entire institution will fall apart. One of the roles of the chancellor is to function as a "catalyst" to act as a pipeline between people and facilitate dialogue. ...

The other role of a pipe is to serve as an instrument through which God's love and power flow into Seinan. Of course, this is not just the role of the chancellor; he does not have a monopoly on this role. Instead, this is a role that many people should also play. But that being said, I believe that one is disqualified as chancellor unless he fulfills this role.

In the night of December 29, 1973, the Garrott's 35th wedding anniversary, Dorothy woke to find Max awake with chest pains. He had already taken medication but had not gotten relief. Dorothy called a doctor friend who lived nearby for help in finding a hospital that would be able to treat Max just before the New Year's holiday. The doctor came with the ambulance and got Max to the hospital. He was admitted, diagnosed with myocardial infarction (heart attack), and stayed in the hospital for six weeks. Because of the holidays, Dorothy was allowed to stay with him and help his nurses. His hospital stay was followed by several weeks of recuperation at home. Since Jack and his family had come to work in Sasebo in March, Max was able to spend some time with his granddaughters. He even got to see the youngest take her first steps. When Max returned to work, his movement was restricted, but he zealously worked to fulfill his responsibilities.

The Garrotts were due for a 4-month furlough beginning in April, but Max wanted to stay for the Seinan Gakuin Founders' Day in May to do the chancellor's message. The Chair of the Board of Trustees Sakamoto Shigetake walked with Max to each of the ceremonies. He wrote in an article in the Christian school education journal (1975.7) about the time they spent together:

The founders' day ceremony on May 11 was usually a joint ceremony, but this year a ceremony was held at each of the schools. The first was at the junior high school, and the chancellor gave his address with a strong voice. When the ceremony was finished, the chancellor and I walked to the high school ceremony hall. It was only about 300 meters away, but Dr. Garrott kept falling behind. He finally said, "I walk slowly, so you go ahead." I didn't want to rush him so I went on. After walking about 50 meters, I looked back, just in case, and saw that he had stopped still. I was surprised and went back to check on him. However, Dr. Garrott said, "No, this is nothing unusual, there's no need to worry." I had spent a lot of time with him, but it was mostly inside and at meetings and wasn't aware that he had so much difficulty in walking. Nonetheless, Dr. Garrott gave his message in a loud voice, both at the high school and the university.

Max's founders' day address and benediction were to be his last. These first and last paragraphs of that message reflect his deep desire for the future of Seinan Gakuin. The school bulletin (1974.7.4) carried the speech.

The other day, I visited Dazaifu with my family. A big camphor tree stands on the right side of the entrance to the Tenmangu shrine. However, the inside of the tree is hollow. I don't know how long this tree will last. It looks great from the outside and appears to be a magnificent tree, but since the core is gone, in time it will fall over. ...

From the outside, Seinan Gakuin looks very good. It has a good reputation with the general public. However, we want to work together to nurture Seinan's heart so that a big Seinan Gakuin will not become like a big hollow tree.

After the buffet lunch that followed the ceremonies, Max and Dorothy went directly to the airport. Jack met them at the airport, bringing their luggage. He related: "Few people knew that he put nitroglycerine under his tongue ... because of the angina." By God's grace, he arrived safely in the U. S. The doctor had given Max some medication to help him sleep on the plane. He arrived rested and visited with family. He then made a stop at his alma mater in Conway, Arkansas where he was honored as a Distinguished Alumnus of Hendrix College.

Arrangements to see a heart specialist had been made at the Bowman-Gray Baptist Hospital in Winston-Salem, North Carolina. After a look at the medical charts Max had brought with him, the doctor expressed surprise that he had walked in on his own. An angiogram was scheduled for the next day. Because he would be immobilized for most of the day, Dorothy and Alice decided to make a day trip to visit relatives. The doctor had told Max, but not Dorothy, that the test itself could trigger a fatal heart attack. But Max chose to undergo the test because there could be no surgery without the test and without the surgery no hope of ever returning to Japan.

A Japan missionary colleague, Melvin Bradshaw[14], who came by to visit with him noticed tears in his eyes. He said of Max that he had never seen a man with more reason to live, or more ready to die. Max had prepared a letter for his family. An excerpt from the letter (1974.6.19) shows Max's love for his family and his desires for them.

> *I don't expect any of you to see this, but in case I should not have other opportunity to say so, I want to tell you in this way that I love each one of you very, very much, and I am praying that God will bless you all very richly. …*
>
> *As you already know, my all-inclusive prayer for each one of you is that you may live in the very center of God's will for yourself—which fits perfectly into His will for everyone else, that you may be completely sensitive to Him and completely responsive to Him, confident that His will is your way to the greatest possible happiness, the greatest possible fruitfulness, the greatest possible fulfillment.*
>
> *Good night. I love you!* (SBHLA)

He continued with a note to Dorothy expressing his desire that "the keynote to be praise and thanksgiving" for a funeral and that he be cremated and buried in "a corner of the cemetery at Seinan Jo Gakuin."

The angiogram test was successfully carried out, showing complete blockage in two of the main arteries of the heart and partial blockage of a third. The

14) Melvin Bradshaw (1925-2021) was appointed as a missionary to Japan by the Southern Baptist Foreign Mission Board in 1950. He served 25 years in Japan as the first hospital chaplain at the Japan Baptist Hospital, pastor, and teacher at Seinan Gakuin University.

cardiologist said that he could only offer him a fifty percent chance of success with bypass surgery, but he couldn't promise him even one day without it. The surgery went smoothly, but when they tried to restart his heart, it refused to do so. He went from anesthesia directly to heaven on June 25, 1974 (June 26 Japan time). He was 64 years old.

A memorial service of praise and thanksgiving was held in the Foreign Mission Board Chapel in Richmond, Virginia on June 28. A funeral service was held at Seinan Gakuin University's Rankin Chapel on July 7. As requested, Max was buried at "Woods of Seinan" Cemetery at Seinan Jo Gakuin in Kokura. Inscribed on the tombstone are words from the Bible verse John 4:34: "To do the will of Him who sent me."

Afterword

W. Maxfield Garrott came to Japan with the assurance that it was God's will for him. He sought God's guidance in the choices he made. But as he often said: "Becoming a Christian is not like graduating; it's like starting school." He grew in his walk of faith, learning from the situations which he faced and from people around him. Many times along the way, he reconfirmed God's will through Bible reading and prayer. Jack told of one instance when his "father prostrated himself on the floor and cried out to God, 'God, if I am what is standing in the way of the salvation of Japan, then take me out of the way!'" He got up from that prayer seeking to faithfully carry out the tasks God had given him (Alumni speech).

Max's contribution to education was recognized by many. In November 1970, he was honored as a distinguished Private School Educator by the Governor of Fukuoka Prefecture. The Japanese government conferred on him the Third Class Order of the Sacred Treasure, dated back to the day before his death in June of 1974.

The New Testament translation that Max had been working on was only half-finished when he passed away. The completed portion was published in 1999 by Kadokawa Shoten as *The New Testament*, edited by William M. Garrott and has gone through three printings. It includes the four Gospels, the letter to the Romans, and the two letters to the Corinthians.

Max put much effort into choosing his spoken and written words, but he felt that time spent with people was very important. He wrote in an article entitled "How Jesus Trained Leaders" in the Southern Baptist Seminary Journal *Review & Expositor* (1941.10):

> *...we have seen how Jesus lived night and day with twelve men...and made something of them. The implication for us today is obvious. To get results comparable to His, all you have to do is to be like Jesus and live close enough to few enough men for them to acquire*

His image through you. Very simple.

Many people saw Jesus in the way Max lived his life.

He didn't always expect people to respond immediately. He was planting seed that others might water, but he trusted that God would give the growth. He reminded a student who had graduated that it was never too late. Kiriake Masashi told about meeting Max on the streetcar in an interview for the alumni column in the Seinan Gakuin University bulletin (1987.11.9):

About 20 years after I graduated, I ran into Dr. Garrott. ...When I finished telling him what I had been doing, I said to him, "Dr. Garrott, I have been coming to Seinan all along, but I never did become a Christian." Dr. Garrott, suddenly straightening up his posture, replied in a strict tone, "Mr. Kiriake, you can't say 'never.' As long as you are alive, there is no end. If you say 'never', you can't do anything." I was shocked. It may sound like an exaggeration, but I felt like I had been smacked upside the head. It came home to me that I should never give up on anything, and if I do give up, it's the end. I still can't forget the strong impression of that time.

In closing, I want to introduce the closing comments Jack Garrott made in his speech about his father at the Fukuoka Seinan Gakuin University Alumni meeting in June 2015:

There was one phrase for which my father was famous. C. K. Dozier was famous for "Seinan, be true to Christ," spoken on his deathbed, but my father's phrase was one he started using much earlier, and used often. It was, "Give all you know of yourself to all you know of Christ." None of us knows himself perfectly, and as long as we are on this earth, we don't know Christ perfectly, so this is a matter of continuing commitment. Some Christians never really grow from the time they are baptized, but that is like a child that never grows. We consider that a terrible disease! Giving all you know of yourself to all you know of Christ is indeed the way to salvation, but it is also something that each believer needs to do every day. We may know very little of Christ, but if we trust that He is God's Son who died and rose again to take away our sins and give us eternal life, that is enough to be received as a child of God, to live eternally with Him. Once we have made that commitment, every day is an opportunity to learn more of Christ, and at the same time, the longer we live, the more we discover about ourselves. The path of growth, and joy and satisfaction, is to keep deepening that commitment on both sides of the equation daily giving all we know of ourselves to all we know of Christ. I know that would be my father's desire for each of you. You may have experienced your Bible classes at Seinan as "immunizations" against Christianity, or you may have been a Christian for many years, but for each one of us, the challenge my father, W. Maxfield Garrott, would give us is to give all we know of ourselves to all we know of Christ.

I. Memories of Our Father

Alice Hooker (Younger daughter)
Jack Garrott (Younger son)

1. Max Garrott: Father, Pastor, Teacher, Administrator, Mentor—Servant of God

Alice Hooker

I have many strong memories of my father, from early years on the Seinan campus and after our move to the house at Hoshiguma, near the seminary, the year I began first grade. As busy as he was with his teaching and administrative duties – shepherding Seinan into co-educational, university status as he continued to train pastors for the ministry – he was a loving and "present" (as much as possible) father. In addition to bicycle picnics and family game nights as we played "Flinch," "Rook," "Dominos," and such, we had nightly devotions – Singing and Praying, we called it. After our return from furlough in 1953, these evening devotions included the Saijo family. We alternated stanzas in English and Japanese from our little blue paperback hymnal, read the Scripture for the evening around the room verse by verse, in English and/or Japanese, and took turns praying around the circle.

He was asked to start the church at Torikai on the campus of the kindergarten teachers' training school, and he, our mother, my brother Bill and I became charter members, as did Jack since he had been baptized shortly before that at Seinan Church. Elizabeth was then in college in the U.S. Thus he was my pastor, as well as my father. I know I missed a lot of the meaning of the sermons in Japanese, but our parents encouraged us to take notes in English to increase our comprehension.

I have always wished that I had had more time with my father after I became an adult. As it is, much of my father's thought processes came to me through my mother and her interpretation. She told me that administration was far from his first love, but he was "drafted," and felt compelled to serve. It was probably natural that he would be given the reins after our return to Fukuoka in 1947. Later on, when I was in high school and my mother was in the States on family business, he began commuting to Kokura to serve as Chancellor at Seinan Jo Gakuin. After I left for college in 1963 they moved to Kokura, remaining there for 10 years. My mother told me that at that time, with so much unrest among students and faculty, Garrott sensei was the only one on whom all factions could agree.

Through the years he had mentored and worked with Akiko Endo Matsumura in her work in translating the New Testament from Greek into Japanese, as she had long done her personal devotions in Greek. A committee of three was formed, with the third person (who was not always the same), checking the Japanese for accuracy/readability; Daddy verifying the Greek, and Aki-chan, as she was to our family, doing the original translation. The portion that they were able to complete has been published.

He resigned from Seinan Jo after the 10 years and they moved back to the Hoshiguma house for him to be able to concentrate on his teaching – and he was again "drafted" by Seinan! He suffered a heart attack on December 29, 1973, their 35th wedding anniversary, after having delivered to friends and neighbors flowers which my mother had started from cuttings. During their subsequent mini-furlough, when they made their headquarters with me in South Carolina, we traveled to Conway, Arkansas, for him to receive the Distinguished Alumnus Award from Hendrix College, from which he had received his undergraduate degree. Their furlough physicals at Bowman-Gray Baptist Hospital in Winston-Salem, North Carolina revealed that he was in urgent need of by-pass surgery, but the outcome was in serious doubt. After his cardiologist told him that regardless of the outcome, he would not be given medical approval to return to Japan without the surgery, he opted for surgery. On June 25, 1974, five days past his 64th birthday, he was put to sleep in Winston-Salem, and woke up in heaven.

I have always been grateful to have been with my parents during this time, and will never forget his demeanor of utter peace and calm, confident that the outcome, as it had been all of his life, was in God's hands. (2020. 7)

2. A Father for the Ages: WMG as Seen by JMG

Jack Garrott

Perhaps the strongest memory I have of my father is how much he loved my mother. That particular impression has only gotten stronger over the years, as I have been privileged to be married to my wife far longer that he was to his. That example has been invaluable to me, not only in my own marriage but also as I have counseled other couples, both before and after their weddings.

Another major impression I have of my father is of his humility. Though enormously gifted, and quite accustomed to rubbing elbows with people whose names are in history books, he was never "above" talking to anyone, and on their level at that. He personally felt he struggled with conceit, and perhaps he did, but never to the point of thinking he was more valuable to God than anyone else.

In one of the truly blessed times we had talking, in the brief 2 1/2 month period between my bringing my wife and children to Japan and my parents leaving for what was my father's last trip to the U.S., he told me about the transformational experience he had with the Oxford Movement, mentioned in this book. He said the speaker had talked about five "absolutes," which he couldn't remember all of off the top of his head. However, one that he could remember, and that he had already imprinted on me by example, was "absolute honesty." He would have made a terrible spy! Whether it was one of the Oxford Movement speaker's points or not, he also had absolute commitment to his Lord, and it showed up in everything he did.

One story my father told me about his time in the internment camp was about how they played poker to pass the time. He didn't want to gamble, but he decided to take part for the sake of fellowship, with two ground rules: 1. He would never quit while he was ahead, because he didn't want to take other people's money. 2.

He would quit if he got more than two sen (1/100 of a yen) in the hole. He told me he had to quit playing, because he was never in the hole!

After I progressed to a better instrument, my mother decided to take up the clarinet, using my first one. We performed together at Mission meeting with my father playing piano accompaniment, and I introduced the performance as "proof of the invalidity of the proverb, you can't teach an old dog new tricks." My father promptly got up from the piano and said, "No, this is proof my wife isn't an old dog!"

I don't remember feeling that close to my father until the summer of 1964, when my mother went ahead of us to the U.S. and he and I flew together to Arkansas and then drove, in the car he had been given, to Louisville, KY where my mother was already visiting her mother in a nursing home. I walked into the room before my father did, and my grandmother exclaimed, "Why Max! You look 10 years younger!" Actually it was far more than a 10-year difference, but I have always felt honored to look so much like him.

My deepest fellowship with my father was in the brief time we had together in 1974, and that made the separation all the more painful. However, my first reaction to the news of his passing was, "He won't have to retire." I personally can't think of an easier death than going directly from anesthesia to heaven! We think of his life as "cut off" at 64, but I feel strongly that God was saying to him, "Well done, good and faithful servant. Welcome home!" (2020. 7)

II. W. M. Garrott Chronology

Year	Date	Entry
1910	June 20	Born in Batesville, Arkansas, U.S.A.
1925	May	Graduated from Conway High School in Conway, Arkansas.
1929	May	Graduated from Hendrix University in Conway, Arkansas (B. A.).
1932	January	Graduated from The Southern Baptist Theological Seminary (Th. M.).
1934	May	Graduated from The Southern Baptist Theological Seminary (Ph. D.).
	August	Departed for Japan as missionary appointed by the Foreign Mission Board, Southern Baptist Convention.
	September 9	Arrived in Yokohama and studied Japanese language in Tokyo until August 1936.
1936	September 1	Teacher at Seinan Gakuin High School until March 1949.
1937	March	Board Member of Seinan Jo Gakuin until February 1939.
	Date unknown	Member of Executive Committee of the West Japan Baptist Convention.
	Date unknown	Chairman of Finance Committee of the Japan Baptist Mission.
	Date unknown	Member of Executive and Evangelism Committees of the Japan Baptist Mission.
1938	Date unknown	Secretary of the Japan Baptist Mission until July 1939.
	Date unknown	Secretary in charge of English correspondence for the West Japan Baptist Convention until July 1939.
	December 23	Marriage to Dorothy Shepard Carver registered at Nagasaki consulate.

1938	December 29	Wedding Ceremony in Rowe Chapel, Seinan Jo Gakuin.
1939	July	Missionary furlough until August 1940. Study at Union Theological Seminary in New York.
	October 29	Daughter Elizabeth Ann (Betsy) born in New York.
1940	September	Professor at the Japan Baptist Theological Seminary in Tokyo formed by the consolidation of Seinan Gakuin Theological College and Kantō Gakuin Theological College until December 1941.
	October	Treasurer of the Japan Baptist Mission until December 1941.
1941	March 6	Due to growing tensions between Japan and America, Dorothy and Elizabeth depart for the U.S.
	December	Continued to serve as a professor and missionary at the Japan Baptist Theological Seminary, but with the outbreak of the war between Japan and the United States was interned at the prisoner of war detention camp set up in Sumire Gakuin, Den'enchōfu, Tokyo.
1942	June 25	Boarded the *Asama Maru* and transferred to the MS *Gripsholm* prisoner exchange ship for repatriation, arriving in New York harbor August 25.
1943	February	Began ministry to Japanese immigrants and Japanese-Americans in Houston, Texas.
	May 24	Son William Carver (Bill) born in Houston, Texas.
	October	Moved to McGehee, Arkansas to work with churches in the Rohwer and Jerome Japanese-American Relocation Camps.
1944	September	Dorothy hired by War Relocation Authority to teach at the Rohwer Camp elementary school. The Garrott family moved into the camp and Max worked with the Rohwer Federated Christian Church there until July 1945.
1945	April 23	Daughter Dorothy Alice (Alice) born in the Rohwer camp.
1946	February	Moved to Hawaii.

1946	March	Worked as pastor of the Kahului Baptist Church in Wailuku on Maui island in Hawaii until 1947.
1947	October 11	Returned to Japan with his family as Professor of Seinan Gakuin College until 1954.
	November	Official representative of the Japan Baptist Mission until November 1948.
	December	Trustee of Seinan Jo Gakuin until March 31, 1952.
	Date unknown	Vice-Chair of the Japan Baptist Convention Trustees until 1948.
1948	April	Cooperating Pastor of the Seinan Gakuin Baptist Church in Fukuoka until April 1952.
	July 10	Board member of Seinan Gakuin until November 19, 1952.
	September 15	Son Jackson Maxfield (Jack) born.
	December 10	Appointed as Chancellor of Seinan Gakuin until November 20, 1952; Acting Principal of Seinan Gakuin College until March 1949.
1949	April	First President of Seinan Gakuin University (new system) until March 31, 1952; Professor of Seinan Gakuin University until 1964.
	August	Chair of the Japan Baptist Mission until November 1950.
	Date unknown	Trustee of the Japan Baptist Convention (1949, 1951, 1952, 1954-1957, 1959-1963, 1966-1969).
1950	June	Acting Principal of Seinan Gakuin High School until June 1951.
1952	January	Missionary furlough until June 1952; Study at the Southern Baptist Theological Seminary.
	September	Missionary furlough; taught as visiting professor at the Southern Baptist Theological Seminary and the Woman's Missionary Union Training School until May 1953.

1953	September 1	Chaplain of Seinan Gakuin until May 1957. Chaplain of Seinan Gakuin University until December 1957.
1954	April	Trustee of Seinan Gakuin until November 1957.
1956	January	*Japan Advances* published by the Southern Baptist Convention Press.
	March	Trustee of Seinan Jo Gakuin until February 1958.
	Date unknown	Member of the Japan Baptist Convention Publications Committee.
	October	Pastor of newly organized Torikai Baptist Church in Fukuoka until May 1958.
1957	May 10	Dean of Religious Affairs Seinan Gakuin (name change from chaplain) until June 10, 1958.
1958	June 10	Missionary furlough until August 1, 1959.
	September	Visiting professor at Carver School of Missions and Social Work, Southern Baptist Theological Seminary.
1959	October 19	Reelection as Dean of Religious Affairs until May 10, 1962.
1960	May 13	Trustee of Seinan Gakuin.
	October 1	Deputy Chancellor of Seinan Gakuin until February 1961.
1961	September 1	Acting Chancellor of Seinan Gakuin until October 31, 1961.
	November 7	Chair of the Board Seinan Jo Gakuin until March 31, 1962.
1962	March 1	Chancellor of Seinan Jo Gakuin until April 30, 1972; Trustee of Seinan Jo Gakuin until June 1974.
	April 1	President of Seinan Jo Gakuin Junior College until March 1966.
	Date unknown	Chair of Scholarship Committee of the Japan Baptist Convention until 1963.
	Date unknown	Cooperating missionary at Torikai Baptist Church until 1965.

1964	July	Missionary furlough until August 1965.
	October 13	Resigned as Seinan Gakuin University professor.
	October 14	Seinan Jo Gakuin Junior College English Professor until March 31, 1972.
1966	Date unknown	Chair of the Japan Baptist Convention Publications Committee.
	Date unknown	Cooperating missionary at Japan Baptist Shion zan (Mt. Zion) Church in Kokura until 1972.
1967	Date unknown	Chair of Executive Committee Japan Baptist Mission until 1969.
	Date unknown	Chair of Finance Committee of the Japan Baptist Convention until 1969.
1968	April 1	Principal of Seinan Jo Gakuin Junior High School until May 31, 1969.
	May	Missionary furlough until September 1968.
1970	November	Received an award from Fukuoka Prefecture as a distinguished private school educator.
	Date unknown	Chair of the North Kyushu Association of Baptist Churches.
1972	April 1	Professor of the Faculty of Theology of Seinan Gakuin University until June 26, 1974.
	June 7	Acting Chair of the Board of Seinan Gakuin until September 12, 1972.
	September 13	Chair of the Board of Seinan Gakuin until April 5, 1973.
1973	April 1	Acting Chancellor of Seinan Gakuin until April 5, 1973.
	April 5	Seinan Gakuin Chancellor until June 26, 1974; Seinan Gakuin Executive Director of Religious Affairs until June 26, 1974.
	December 29	Hospitalized for Myocardial infarction until February 1974.

1974	May 11	Missionary furlough.
	June 25	Third Class Order of the Sacred Treasure posthumously conferred by the Japanese government.
	June 26	Deceased due to myocardial infarction in North Carolina, U.S.A. (at age 64)
	June 27	Memorial Service held at Southern Baptist Foreign Mission Board in Richmond, Virginia, U.S.A.
	July 7	Seinan Gakuin funeral held at Rankin Chapel.
	September 22	Memorial service and graveside service held at Seinan Jo Gakuin in Kokura, Kitakyushu. Burial was done at "Seinan Woods" on the same premises.
1975	January 23	The new gymnasium of Seinan Gakuin Junior High School was completed and named "GARROTT GYMNASIUM."
1977	March 8	Based on a donation from Dorothy C. Garrott, the "W. Maxfield Garrott Memorial Fund" was established to support the education and research of the Faculty of Theology of the University.
1982	September 6	Dorothy Carver Garrott passed away (at age 72).

Profiles of Author and Translator

Author

Karen J. Schaffner

June 1952 born in Henrietta, Texas. 1974 graduated from Oklahoma Baptist University (B.A.). 1980 graduated from Middlebury College German language graduate school (M. A.). 1982 graduated from Southwestern Baptist Theological Seminary (M. Div.). 1984 arrived in Japan as a missionary appointed by the Foreign Mission Board of the Southern Baptist Convention.

1987 Lecturer in the Seinan Gakuin University Faculty of Literature, Department of Intercultural Studies (German, Sociocultural Theory); Professor in the Faculty of Intercultural Studies from 2007. Established and directed the university handbell choir. 2014 to 2018 University President. 2018 Emeritus professor of Seinan Gakuin University.

Edited *Eugenics in Japan* (Kyushu University Press, 2014). Contributed to *Ethics of Life: The Things That Motivate Its Norms* (2004), *Ethics of Life 2: Going Beyond the Eugenics Era* (2008), and *Ethics of Life 3: The Genealogy of Eugenic Policies* (2013) all published in Japanese by Kyushu University Press.

Translator

Harada Hiromi

Born in 1940 in Fukuoka City. Because, in part, her father Yoshihara Masaru was a teacher at Seinan Gakuin High School, she became friends with the Garrott family from an early age. 1962 graduated from Seinan Gakuin University Faculty of Literature, Department of English Literature. Accompanied her husband Harada Mikio, Professor in the Seinan Gakuin University Economics Department, twice on his foreign study trips (America), working at the Princeton University Library and helping with research at the Harvard University International Affairs Study Center. After returning to Japan, she was involved in Japanese language education for foreign exchange students/pupils and foreign workers residing in Japan.

Met Ms. Schaffner at the Nokata Baptist Church in Fukuoka where a continuing friendship began. At present works as a legal interpreter for the Fukuoka Bar Association International Committee. Was a collaborating translator for *The People of the Kennedy Family* (Soshisha, 1990) and *20th Century History 14, Vol. 2* (Heibonsha, 1990).

Editor's Note

How the *Biography of William Maxfield Garrott* Came to Be Published

Kanamaru Eiko, Member of the Steering Committee
of the Seinan Gakuin Archives

Seinan Gakuin previously published the *Seinan Gakuin 100 Year History*. In that process, the 100-year history compilation committee found more than several themes that merited further examination for the research task from now on. Prior to its dissolution, the committee identified these and sent the list to the newly established Seinan Gakuin Archives. This book is the first project born from that process. W. M. Garrott came to Japan as a Southern Baptist missionary in 1934. He not only knew the prewar Seinan Gakuin, but also experienced Japan as the sound of military boots was approaching. After the war, he contributed to the establishment of Seinan Gakuin University as a university under the new system, and served as the first president and later as chancellor. As a missionary, in the devastation of the defeat, he energetically sought to carry out Christian evangelism and rebuild the church. This book depicts the profile of both.

The writing of the Garrott biography was begun by the 10th University President K. J. Schaffner as a personal project. I have been waiting for its completion since I heard that it was resumed when she retired. For this book, Prof. Schaffner focused on collecting materials and manuscripts from a wide range of sources. The translation was done by Harada Hiromi, a graduate of the Faculty of Literature, Department of English Literature of the University who had a personal relationship with the Garrott family. The Steering Committee of the Seinan Gakuin Archives set up a project team for publication. With the help of Takamatsu Chihiro, a skilled staff member of the Archives, Kobayashi Yoichi, Professor Emeritus of the University, Ryu Bunchiku (Lui Wenzhu), Chaplain of the Gakuin and myself became a team. In view of the times, we were able to come to this point by holding editorial meetings by Zoom. This book also contains the manuscripts of two of Dr. Garrott's children, but it is a pity that the articles of the elder daughter Elizabeth and the elder son Bill could not be included. Jack, the younger son who lives in Omura City, Nagasaki Prefecture, cooperated in various aspects such as writing his own manuscript, requesting his siblings to submit manuscripts, and providing valuable photographs. I would like to express my thanks on this occasion.

The soul of a private school is in its "founding spirit." One of the ways to keep the founding spirit of Seinan Gakuin alive is to record the achievements of the missionaries who served the school with their deep commitment. The aim of this publication is to play a part in that intention. Here is the story of a man who stepped on foreign soil to do the will of God and spent his life to love Seinan. With this book, we would like to give attention to this fact and not to forget his sincere dedication but pass it on to the following generations of Seinan Gakuin.

Lastly, it should be noted that this project would have been unable to be accomplished without great assistance from the Seinan Gakuin Archives office and the Research Committee on Missionary Documents of the Seinan Gakuin Archives.

I want to give much thanks to them all.

【Research Committee on Missionary Documents of the Seinan Gakuin Archives】

Chair: Kanamaru Eiko, University Faculty of Theology Professor

Member: Kobayashi Yoichi, Emeritus Professor of the University

Member: Bando Shiro, Junior High School Teacher

Member: Ryu Bunchiku (Lui Wenzhu), Gakuin Chaplain

ウィリアム・マックスフィールド・ギャロット伝
「遣わされた方の御心を行うために」

2021年 4 月20日
著　　者　カレン J. シャフナー
訳　　者　原田宏美
編集・監修　西南学院史資料センター
発　　行　学校法人 西南学院
印　　刷　（株）キャンパスサポート西南
販　　売　（有）花書院